Jardinería para niños

Cultivo de frutas, hortalizas y manos verdes en jóvenes jardineros

© Copyright 2024

Todos los derechos reservados. Ninguna parte de este libro puede ser reproducida de ninguna forma sin el permiso escrito del autor. Los revisores pueden citar breves pasajes en las reseñas.

Descargo de responsabilidad: Ninguna parte de esta publicación puede ser reproducida o transmitida de ninguna forma o por ningún medio, mecánico o electrónico, incluyendo fotocopias o grabaciones, o por ningún sistema de almacenamiento y recuperación de información, o transmitida por correo electrónico sin permiso escrito del editor.

Si bien se ha hecho todo lo posible por verificar la información proporcionada en esta publicación, ni el autor ni el editor asumen responsabilidad alguna por los errores, omisiones o interpretaciones contrarias al tema aquí tratado.

Este libro es solo para fines de entretenimiento. Las opiniones expresadas son únicamente las del autor y no deben tomarse como instrucciones u órdenes de expertos. El lector es responsable de sus propias acciones.

La adhesión a todas las leyes y regulaciones aplicables, incluyendo las leyes internacionales, federales, estatales y locales que rigen la concesión de licencias profesionales, las prácticas comerciales, la publicidad y todos los demás aspectos de la realización de negocios en los EE. UU., Canadá, Reino Unido o cualquier otra jurisdicción es responsabilidad exclusiva del comprador o del lector.

Ni el autor ni el editor asumen responsabilidad alguna en nombre del comprador o lector de estos materiales. Cualquier desaire percibido de cualquier individuo u organización es puramente involuntario.

Índice de contenidos

CARTA DE PRESENTACIÓN A LOS PADRES..1
CARTA DE PRESENTACIÓN A LOS NIÑOS..3
CAPÍTULO 1: ASPECTOS BÁSICOS DEL JARDÍN..5
CAPÍTULO 2: HERRAMIENTAS NECESARIAS...12
CAPÍTULO 3: FRUTAS Y VEGETALES..21
CAPÍTULO 4: HIERBAS Y FLORES..31
CAPÍTULO 5: TIEMPO DE COSECHA..39
CAPÍTULO 6: AMIGOS Y PLAGAS DEL JARDÍN..45
CAPÍTULO 7: CONSEJOS Y RESOLUCIÓN DE PROBLEMAS....................53
CAPÍTULO 8: PROYECTOS DIVERTIDOS PARA EL JARDÍN....................62
MENSAJE DE AGRADECIMIENTO..69
VEA MÁS LIBROS ESCRITOS POR DION ROSSER......................................70
REFERENCIAS..71
FUENTES DE IMÁGENES 72

Carta de presentación a los padres

Estimados padres,

En la acelerada sociedad actual, en la que las pantallas dominan la atención de los niños, cada vez es más importante volver a conectar con la naturaleza e inculcar el amor por el aire libre. La jardinería ofrece la oportunidad perfecta para conseguirlo. No solo ofrece a los niños la oportunidad de cultivar hermosas plantas, sino que también les enseña habilidades y valores esenciales para la vida. Esparcidos por las páginas de este libro, se encuentran multitud de beneficios que la jardinería aporta a los más pequeños. Desde el fomento de la responsabilidad y la paciencia hasta el desarrollo de un profundo aprecio por el medio ambiente, la jardinería es una experiencia de aprendizaje integral que va mucho más allá de la tierra y las semillas.

Como padres y tutores, nunca insistirán lo suficiente en su implicación activa y su apoyo a la experiencia de sus hijos en la jardinería. Participar junto a ellos crea un espacio seguro para la exploración, los descubrimientos placenteros y los recuerdos compartidos. El jardín se convierte en un lienzo para pasar tiempo de calidad, donde los vínculos se fortalecen y las conversaciones fluyen libremente.

La jardinería es mucho más que el acto físico de plantar y cuidar las plantas. Es una oportunidad para un profundo crecimiento personal. Al recorrer este camino con sus hijos, tiene la oportunidad única de motivar su curiosidad adentrándose usted mismo en la búsqueda del conocimiento. Sumérjase en familia en el fascinante mundo de las plantas, los insectos y los conceptos ecológicos. Deje que sus preguntas le lleven por un camino de exploración e investigación mientras desentraña codo con codo las maravillas de la naturaleza. Anime a sus hijos a expresarse a través de sus proyectos de jardinería. Deje que elijan sus plantas favoritas, que diseñen sus propias secciones pequeñas e incluso que hagan adornos de jardín "hágalo usted mismo". Al dejar volar su imaginación y otorgarles un sentido de propiedad, les da el poder de enorgullecerse de sus creaciones y apreciar la belleza y el significado que esconde cada experiencia. Y así habrá sembrado la semilla del amor por la naturaleza y recogido los abundantes frutos de un niño paciente, responsable y creativo, y de una aventura de jardinería compartida.

Carta de presentación a los niños

¡Hola, niños!

¿Han tenido alguna vez una semillita en la mano? Es tan pequeña y sencilla. Pero dentro de esa humilde cáscara yace el potencial de la grandeza, el poder de crear vida y belleza. Con su tierno cuidado y protección, será testigo del milagro de esa semilla brotando, estirando sus verdes brazos hacia el sol y transformándose en la planta más preciosa. Eso es la jardinería. Es asistir en primera fila al espectáculo más cautivador de la tierra.

Pero la jardinería no consiste solo en presenciar milagros, sino en convertirse así mismo en mago. Aprenderá los secretos para convertir una tierra seca y sin vida en un campo de juego fértil donde las plantas vivan y florezcan en paz. Descubrirá el equilibrio perfecto entre sol, agua y nutrientes que hará que sus plantas crezcan altas y orgullosas. Mientras explora este delicado mundo como jardinero, la naturaleza le recompensará con sorpresas a cada paso: Una mariquita escondida, una hermosa mariposa o el refrescante olor de una flor en flor.

El jardín es el aula más interesante que jamás haya pisado, donde absorberá conocimientos más rápido que la velocidad de una semilla germinada. Cada planta que cultive le enseñará cosas que no sabía sobre biología, ecología y cómo todos los seres vivos están conectados de alguna manera. Se convertirá en detective, investigando los misterios de las plagas y enfermedades, y en un maestro de la resolución de problemas, encontrando las formas más inteligentes de proteger a sus verdes amigos. La jardinería es una aventura que promete risas, sorpresas y momentos inolvidables. Hay pocas experiencias como la emoción de cosechar sus propios vegetales y morder una jugosa baya que ha cultivado con sus propias manos. Y cuando vengan sus amigos, su huerto será el patio de recreo definitivo: Un lugar de imaginación y pura diversión.

Las páginas de este libro le ofrecen toda la inspiración, los consejos y los secretos que necesita. Es un portal a un mundo donde las plantas susurran su sabiduría, donde encontrará respuestas a sus preguntas más candentes y donde la imaginación echa raíces y crece junto a sus plantas. Este libro será su compañero de confianza cuando comience su vida como jardinero. Le animará a soñar a lo grande. Le guiará en cada paso del camino y, antes de que se dé cuenta, habrá pasado de ser un principiante curioso a un jardinero experto simplemente *porque puede hacerlo*.

Capítulo 1: Aspectos básicos del jardín

Los elementos básicos son los cimientos de todo jardín. Al igual que una casa necesita una base sólida sobre la que apoyarse, un jardín necesita algunas cosas importantes que le ayuden a crecer y convertirse en algo asombroso. Como jardinero novato, necesitará todas las ideas básicas para poner en marcha su jardín, pero la jardinería no es solo cuestión de hechos y ciencia. También se trata de divertirse y pasarlo bien.

Un jardín puede aportar mucha alegría a su vida. Imagine ver cómo una semillita germina y se convierte en una hermosa flor o en un delicioso vegetal que puede comerse. Esta experiencia le une a la naturaleza. Le enseña a ser paciente y a cuidar de las cosas y le proporciona un lugar tranquilo donde relajarse. Así que póngase los guantes de jardinería y un gorro fresco para el sol, ¡y prepárese para crear el mejor jardín de su vecindario!

Cómo encontrar la ubicación de su jardín

Cuando se trata de encontrar el lugar perfecto para su jardín, hay algunas cosas que debe tener en cuenta para que sus plantas salgan fuertes y sanas.

En primer lugar, la luz del sol. Necesita el sol para sentirse caliente y lleno de energía, ¿verdad? Las plantas necesitan la luz del sol para alimentarse y crecer grandes y fuertes. Así que busque un lugar en su jardín donde el sol brille durante al menos seis horas diarias. Así, sus plantas tendrán mucho sol para absorber.

La sombra es agradable en un día caluroso, pero demasiada puede dificultar que las plantas reciban la luz solar que necesitan. Por eso, evite los lugares bajo árboles altos o edificios que bloqueen la luz solar. A las plantas también les gusta tomar el sol.

Busque un lugar en su jardín que reciba mucho sol¹

A continuación, compruebe el suelo. Piense en la tierra como si fuera la manta en la que se acurrucan las plantas. La tierra debe ser blanda, desmenuzable y fácil de penetrar para las raíces de las plantas. Examine el suelo de su jardín. Si es duro o rocoso, puede mejorarlo añadiendo un material especial llamado abono o sustrato. Así le dará a sus plantas un lugar cómodo al que llamar hogar. El agua también es importante, como lo es para usted. Las plantas necesitan agua para beber y mantenerse hidratadas. Por eso es buena idea tener cerca una fuente de agua, como una manguera o un barril de lluvia. Así, podrá dar de beber a sus plantas cuando lo necesiten.

Por último, elija un lugar de fácil acceso. Querrá visitar su jardín tanto como sea posible para cuidar de sus plantas, regarlas y recoger algunos vegetales o flores bonitas. Así que elija un lugar que esté cerca de su casa. Así podrá ir rápidamente a su jardín siempre que quiera.

Cómo diseñar su jardín

Diseñar un jardín le convierte en un artista, creando una hermosa obra maestra con plantas y colores. Por supuesto, hay algunas cosas en las que pensar, pero lo más importante es dejar volar la imaginación y ser creativo. No obstante, he aquí algunas cosas en las que pensar a la hora de diseñar el jardín perfecto:

- **Equilibrio y simetría:** En su jardín, lo ideal es crear equilibrio colocando plantas o elementos altos en un lado y otros más bajos en el otro. Es como tener un amigo grande en un lado del balancín y otro más pequeño en el otro. Esto ayuda a que su jardín parezca uniforme y organizado. La simetría, sin embargo, significa tener cosas con el mismo aspecto en ambos lados del jardín, como cuando dobla un trozo de papel por la mitad y ambos lados coinciden. Puede crear simetría teniendo dos bonitos lechos de flores o dos macetas con flores de colores que parezcan iguales en ambos lados.

- **El tamaño:** A continuación, considere el tamaño y la proporción. Piense en su jardín como en un gran puzzle en el que todas las piezas encajan a la perfección. ¿De cuánto espacio dispone su jardín? ¿Es un patio grande o pequeño? Su respuesta le ayudará a decidir cuántas plantas y adornos puede colocar. Ahora, piense en el tamaño de las plantas y los objetos que quiere incluir. Algunas plantas pueden crecer mucho, como un girasol gigante, mientras que otras son pequeñas y bonitas, como una margarita diminuta. Cuando dibuje un cuadro y quiera que todo quede bien, aplique las reglas del *tamaño y la proporción*. Debería hacer lo mismo con su jardín. Por ejemplo, si tiene un jardín pequeño, puede quedar raro si pone un árbol enorme en el centro, pero si tiene un jardín grande, un árbol alto puede quedar muy bien.

- **Color y textura:** En cuanto al color, puede elegir flores y plantas de todos los colores para que quede bonito. Imagine tener flores rojas, amarillas, azules y moradas juntas. Es una explosión de colores. Incluso puede tener flores que cambien de color con el paso de las estaciones, para que su jardín tenga siempre un aspecto nuevo y emocionante. La textura tiene que ver con cómo se sienten las cosas al tocarlas. Las plantas pueden tener diferentes texturas, del mismo modo que algunos juguetes son lisos y otros rugosos. Algunas hojas son suaves y lisas, mientras que otras son ásperas o peludas. Puede elegir plantas con diferentes texturas para que su jardín sea divertido de tocar y no solo de mirar.

Puede elegir plantas de diferentes colores para que su jardín tenga un aspecto bonito'

- **Decoración:** Siéntase libre de añadir algunos caminos y decoraciones o juguetes chulos. Puede hacer caminos que lleven a diferentes lugares de su jardín, como escondites secretos o decoraciones únicas. Utilice piedrecitas, ladrillos o incluso guijarros para hacer los caminos. Y no se olvide de los adornos, como una bonita estatua, una fuente brillante o un banco de colores. Estas cosas harán que su jardín sea genial.

Abonar

Abonar es el acto de dar alimento a las plantas para que se mantengan sanas y crezcan adecuadamente. Las plantas necesitan nutrientes como *nitrógeno, fósforo y potasio* para sobrevivir y ser felices. Estos nutrientes les ayudan a tener tallos fuertes, hojas bonitas y flores coloridas. Pero a veces, la tierra de un jardín no tiene suficientes nutrientes, y es entonces cuando entra en juego la fertilización.

El abono es *alimento para las plantas*. Están hechos con todos los nutrientes importantes que necesitan las plantas. Cuando espolvorea o esparce el abono en la tierra alrededor de las plantas, estas pueden absorberlo hasta sus raíces. Al añadir fertilizantes, se asegura de que sus plantas tengan todos los nutrientes que necesitan para ser las mejores plantas que puedan ser.

La fertilización también protege a las plantas de problemas como enfermedades y plagas. Cuando las plantas reciben los nutrientes adecuados, se vuelven fuertes y sanas. Lo mismo ocurre cuando usted come bien, puede combatir mejor los gérmenes y no caer enfermo. Las plantas bien alimentadas también lo hacen; pueden protegerse de enfermedades desagradables y plagas peligrosas que pueden hacerles daño. Así que, al dar a sus plantas el alimento especial para plantas (abono) que necesitan, les está dando el poder de mantenerse sanas y salvas mientras vivan.

Pero recuerde que debe tener cuidado con los fertilizantes. Usar demasiado puede causar problemas a sus plantas. Es como comer demasiados caramelos, saben bien, pero no son buenos para el organismo. Demasiado fertilizante puede dañar las raíces de las plantas. Por eso, debe utilizar la cantidad adecuada y seguir las instrucciones. Puede pedirle a un adulto que le ayude con esto. Puede guiarle sobre la cantidad de abono que debe utilizar y cuándo. Puede ser su compañero de jardinería para asegurarse de que está haciendo todo correctamente.

Riego

Las plantas necesitan agua para saciar su sed y mantener contentos sus tallos, pero hay que tener cuidado y regarlas correctamente. Cuando riegue las plantas, lo mejor es verter el agua en la base de la planta, cerca de las raíces. Ahí es donde las raíces toman el agua y la envían a todas las partes de la planta. En lugar de salpicar agua sobre las hojas todo el tiempo, le dará un refresco justo donde más lo necesita. Todo buen jardinero sabe que debe evitar regar demasiado las hojas o las flores porque puede hacer que estén húmedas durante demasiado tiempo. Las hojas y flores mojadas pueden enfermar y causar problemas. No le gustaría que estuvieran mojadas durante mucho tiempo, ¿verdad? También podría resfriarse o enfermar. Por eso, debe apuntar a la base de las plantas todo lo que pueda.

Las plantas necesitan agua para sobrevivir[9]

Regar es importante, pero también debe encontrar el equilibrio adecuado. No querrá regar en exceso ni por debajo de sus plantas. Regar en exceso significa darles demasiada agua, como echarles un cubo entero cuando solo necesitan un sorbito. Demasiada agua puede ahogar las raíces y hacer que la planta enferme. Esto no solo les ocurre a las plantas; si bebe demasiada agua, puede sentirse enfermo e incómodo.

Por otro lado, regar poco significa no dar suficiente agua a sus plantas, como cuando uno tiene mucha sed y solo recibe un pequeño sorbo. Si las plantas no reciben suficiente agua, pueden debilitarse y marchitarse. Puede que no crezcan bien, no tengan flores bonitas ni produzcan buenos frutos.

Entonces, ¿cómo saber cuándo hay que regar las plantas? Puede comprobarlo introduciendo el dedo en la tierra a unos dos centímetros de profundidad. Si la siente seca, es hora de regarla, pero puede esperar un poco más si la siente húmeda. Cada planta tiene necesidades diferentes, por lo que es necesario conocer las necesidades específicas de las plantas de su jardín. Recuerde siempre que regar las plantas es necesario, pero debe hacerlo bien. Riegue por la base de las plantas, evite regar en exceso o por debajo del nivel del agua, ¡y compruebe el suelo para saber cuándo tienen sed sus plantas!

Elegir plantas para su jardín: Todo lo que debe saber

1. **El espacio:** Cuando elija plantas para su jardín, tenga en cuenta el espacio que necesitan para crecer. Algunas plantas, como los girasoles, pueden crecer muy altas y necesitan mucho espacio para desplegar sus hojas. Otras, como algunas hierbas aromáticas, se quedan pequeñas y pueden cultivarse en macetas o jardines pequeños. Así que haga lo posible por elegir plantas que se adapten bien al espacio de su jardín.

2. **Cuidados:** Al igual que no todos tenemos las mismas necesidades, las plantas también tienen necesidades diferentes. A algunas les encanta tomar el sol todo el día, mientras que otras prefieren un poco de sombra para mantenerse frescas. Algunas necesitan mucha agua, mientras que a otras les basta con menos. Por su bien y el de su jardín, es mejor elegir plantas que se adapten a las condiciones de su jardín y que le resulten fáciles de cuidar. Así, usted y sus plantas tendrán una relación que ambos disfrutarán.

3. **El factor diversión:** Su jardín debe ser muy divertido y emocionante. Puede elegir plantas que sean únicas e interesantes. Busque flores que atraigan a las mariposas con sus colores brillantes y olores dulces. También puede encontrar plantas con formas y texturas chulas, como hojas peludas o flores con pinchos. Todas estas plantas harán que su jardín sea casi mágico y el mejor que haya visto nunca.

Capítulo 2: Herramientas necesarias

Las herramientas de jardinería pueden marcar la diferencia entre un jardín feliz y sano y una jungla desordenada e indómita. En jardinería, las herramientas son los instrumentos que ayudan a cuidar las plantas y hacen que la jardinería sea más fácil y menos trabajosa. Le ahorran tiempo y energía al proporcionarle formas más rápidas de cavar, podar, regar y mantener su jardín. Sin las herramientas adecuadas, las tareas que deberían ser divertidas pueden convertirse rápidamente en interminables y frustrantes. Por ejemplo, utilizar una pala o una paleta le ayuda a cavar agujeros más rápido que si lo hace solo con las manos. Una regadera le ayuda a regar las plantas de forma más uniforme y sin desperdiciar agua. Las tijeras de podar permiten podar las plantas de forma rápida y sencilla para que se mantengan sanas, y el resto de herramientas le ayudan a realizar distintas tareas en el jardín sin cansarse ni ensuciar. Así que, al igual que las herramientas le ayudan con diferentes cosas en la escuela o en casa, las herramientas de jardinería le ayudan a cuidar de las plantas y hacen que la jardinería sea divertida y fácil.

Importancia de las herramientas de jardinería

Las herramientas de jardinería pueden mejorar su experiencia en el jardín'

Utilizar las herramientas de jardinería adecuadas mejorará su jardín y su experiencia en jardinería. He aquí cómo:

1. **Haga las cosas más rápido:** Las herramientas de jardinería le ayudan a terminar las tareas más rápidamente. Hacen que cavar, cortar y quitar las malas hierbas sea más fácil y rápido.

2. **Haga las cosas bien:** Cada herramienta de jardinería está hecha para un trabajo específico. Le ayudan a hacer las cosas exactamente como usted quiere. Por ejemplo, las tijeras de podar le ayudan a cortar ramas limpiamente, y una paleta le ayuda a hacer pequeños agujeros perfectos para plantar.

3. **Trabaje más:** Cuando utiliza herramientas de jardinería, puede hacer más trabajo en menos tiempo. Herramientas como carretillas, carros de jardín y rastrillos le ayudan a mover cosas como tierra, hojas y otras cosas más rápido para que pueda terminar sus tareas rápidamente.

4. **Seguridad y protección:** Las herramientas de jardinería le mantienen seguro mientras trabaja en el jardín. Los guantes, las rodilleras y las gafas le protegen de las espinas, las cosas afiladas y la suciedad que pueden hacerle daño.

5. **Hacen muchas cosas distintas:** Las herramientas de jardinería pueden realizar muchas tareas diferentes. Por ejemplo, un cuchillo de jardín puede cavar, cortar y arrancar malas hierbas, mientras que un tenedor de jardín ayuda a aflojar la tierra y mover las plantas.
6. **Duran mucho tiempo:** Las buenas herramientas de jardinería son resistentes y duran mucho tiempo. Si las cuida, seguirán funcionando bien durante un tiempo, por lo que no tendrá que comprar otras nuevas durante años.
7. **Fáciles de usar:** Las herramientas de jardinería están hechas para que sean fáciles de usar para todo el mundo. Tienen mangos cómodos y no son demasiado pesadas, para que pueda utilizarlas sin cansarse ni hacerse daño.
8. **Manténgase organizado:** Tener herramientas de jardinería le ayuda a mantenerse organizado. Puede guardarlas en un solo lugar; cuando las necesite, estarán listas para usar. De este modo, no perderá tiempo buscándolas.

Categorías de herramientas de jardinería

- **Herramientas de excavación**

A veces, en jardinería, hay que cavar agujeros en el suelo para plantar semillas o trasladar plantas. Hay herramientas especiales que pueden ayudarle a hacerlo. Una de ellas parece una pala grande con un mango largo. Es ideal para cavar agujeros profundos en la tierra. Otra herramienta es una pala más pequeña que cabe en la mano. Es más ligera y fácil de usar para cavar agujeros más pequeños. También hay una herramienta con una cuchilla plana de forma cuadrada. Le ayuda a cavar y mover la tierra cuando necesita hacer una zanja o remover el suelo. Y por último, hay una herramienta con puntas puntiagudas. Sirve para aflojar la tierra y romper los terrones. Estas herramientas especiales te facilitan la tarea de cavar en el jardín. En lugar de sus manos, utilice estas herramientas para cavar rápidamente y terminar el trabajo más rápido.

- **Herramientas de corte y poda**

Cuando cuide de sus plantas, necesitará recortar o cortar algunas partes para ayudarlas a crecer mejor. Las herramientas de corte y poda son simplemente tijeras para plantas. Le ayudan a eliminar las ramas u hojas que crecen demasiado o que ya no están sanas. Igual que usted se corta el pelo para mantenerlo sano y cuidado, ¡las plantas también necesitan a veces un pequeño recorte!

- **Herramientas de riego**

Las plantas no pueden prescindir del agua porque la necesitan para crecer y mantenerse sanas. Utilice herramientas que le ayuden a dar a sus plantas la cantidad adecuada de agua. Estas herramientas le ayudan a verter suavemente el agua sobre las plantas para asegurarse de que les da la cantidad correcta, ni demasiada ni demasiado poca. Facilitan el riego de las plantas. Puede regarlas uniformemente y asegurarse de que cada planta recibe el agua que necesita.

- **Herramientas de plantación**

Las herramientas de plantación sirven para plantar nuevas semillas o cambiar las plantas de sitio. Las herramientas de plantación facilitan la colocación de las semillas o plantas en la tierra. Son los ayudantes que crean pequeños agujeros en la tierra. Luego puedes colocar suavemente las semillas o plantas en estos agujeros. Las herramientas para plantar le facilitarán mucho las cosas, ¡no se imagina! Puede plantar sus flores, vegetales o hierbas favoritas sin ensuciarse las manos.

- **Herramientas de mantenimiento**

De vez en cuando, su jardín también necesita cuidados cariñosos. Las herramientas de mantenimiento mantienen su jardín limpio y sano. Una de las tareas de mantenimiento consiste en eliminar las malas hierbas. Las malas hierbas son plantas no deseadas que crecen donde no quiere que lo hagan. Con estas herramientas puede arrancarlas de la tierra para que no quiten nutrientes a sus plantas.

Otra cosa que hará será poner orden en sus plantas. A veces crecen demasiado o tienen partes que no están sanas. Puede utilizar algunas herramientas para recortar o cortar estas partes sobrantes. Y recuerde limpiar las hojas caídas u otros desórdenes de su jardín. Utilice herramientas para recoger las hojas y mantener su jardín ordenado. Cuando utiliza herramientas de mantenimiento, cuida bien de su jardín y se asegura de que sus plantas tienen todo lo que necesitan para tener buen aspecto y sentirse bien. Es su forma de demostrar su amor y responsabilidad.

Herramientas básicas que necesitará

1. **Pala:** Una pala es una herramienta con un mango largo y una hoja en forma de cuchara en el extremo. La hay de muchos tamaños. Sirve para cavar agujeros en la tierra. Puede utilizar una pala para cavar un hoyo para plantar semillas o para trasplantar plantas de un lugar a otro.

2. **Regadera:** Una regadera es un recipiente especial con un pico y un asa. Sirve para regar las plantas. Llene la regadera con agua y viértala suavemente alrededor de la base de las plantas. Esto las ayuda a mantenerse hidratadas y sanas.

Una regadera se utiliza para regar las plantas⁶

3. **Paleta:** La paleta es una pequeña herramienta manual con una hoja puntiaguda. Se utiliza para cavar pequeños agujeros cuando se plantan flores o hierbas diminutas. Empuje el mango de la paleta en la tierra para hacer un agujero. A continuación, coloque su planta o plantón en el agujero y cúbralo con tierra.

4. **Guantes:** Mantienen las manos limpias y seguras. Mantienen sus manos seguras y limpias mientras trabaja en el jardín. Use guantes para protegerse las manos de las espinas, las plantas espinosas o la suciedad. También impiden cualquier arañazo o corte.

5. **Tijeras de podar:** Las tijeras de podar son tijeras para plantas. Recortan ramas, hojas o flores de las plantas. Cuando utilice tijeras de podar, tenga cuidado de cortar solo las partes de la planta que necesite. Esto mantendrá el buen aspecto de sus plantas y fomentará un nuevo crecimiento.
6. **Rastrillo:** Un rastrillo es una herramienta con un mango largo y una hilera de dientes o púas. Puede recoger hojas, hierbas u otros desperdicios del jardín en montones. Sujete el mango del rastrillo y deslícelo por la tierra para recoger suavemente las hojas o la hierba del suelo.

Por muy fáciles que sean de utilizar las herramientas de jardinería, siempre es más seguro pedir ayuda y orientación a un adulto. Ellos pueden enseñarle a utilizar las herramientas de forma segura y enseñarle más cosas sobre el cuidado de las plantas.

Elegir las mejores herramientas para su edad

A la hora de elegir herramientas de jardinería, debe encontrar las que se adapten a su edad y tamaño. Algunas herramientas están especialmente fabricadas en tamaños más pequeños y diseñadas para niños, al igual que su hijo. Estas herramientas son más fáciles de sujetar y utilizar porque están hechas pensando en sus necesidades. Aquí tiene algunas cosas que debe recordar cuando vaya a comprar herramientas:

1. **El tamaño:** Busque herramientas más pequeñas y ligeras. Deben caber bien en las manos y ser fáciles de sujetar. Así podrá utilizarlas cómodamente sin forzar los músculos.
2. **Seguridad:** La seguridad siempre es importante. Asegúrese de que las herramientas que elija tengan bordes lisos y no estén demasiado afiladas. Querrá evitar cualquier accidente o corte mientras trabaja en el jardín.
3. **Durabilidad:** Busque herramientas resistentes y duraderas; le durarán mucho tiempo y podrá seguir utilizándolas durante muchas aventuras de jardinería.
4. **Diseños divertidos:** Algunas herramientas de jardinería vienen en colores divertidos o con diseños chulos. Elegir herramientas que le resulten visualmente interesantes puede entusiasmarle a la hora de trabajar en su jardín.

Normas de seguridad

A nadie le gustan las normas, pero las normas de seguridad no pretenden retenerle o decirle lo que tiene que hacer. Están ahí para mantenerle seguro, para que se sienta cómodo y tenga la mejor experiencia haciendo lo que esté haciendo. Hay normas de seguridad para todo, incluida la jardinería y el uso de herramientas de jardinería. Estas son las más importantes que debe conocer:

- **Pida la supervisión de un adulto:** Cuando utilice herramientas de jardinería, vaya siempre acompañado de un adulto, al menos al principio. Puede guiarle y asegurarse de que utiliza las herramientas de forma segura.

- **Utilice equipo de seguridad:** Use guantes de jardinería para proteger sus manos de las plantas espinosas y los gérmenes. Dependiendo de la tarea, es posible que también necesite gafas de seguridad para protegerse los ojos.

- **Utilice las herramientas para el fin previsto:** Cada herramienta tiene una función específica. Utilice las herramientas solo para lo que están destinadas. Por ejemplo, no utilice una paleta como un juguete o un rastrillo como una espada de mentira. Podría hacerse daño a sí mismo o, peor aún, a otra persona.

- **Maneje las herramientas con cuidado:** Trate sus herramientas con cuidado y respeto. Evite balancearlas o jugar con ellas de forma brusca. Recuerde que no son juguetes.

- **Cuidado con los dedos:** Mantenga los dedos alejados de las partes afiladas de las herramientas, como cuchillas o puntas. Preste siempre atención a dónde están mientras utiliza las herramientas para evitar accidentes.

- **Guarde las herramientas correctamente:** Cuando haya terminado su jornada de jardinería, guárdelas en un lugar seguro. Guárdelas donde no supongan un peligro de tropiezo o donde los niños más pequeños no puedan alcanzarlas.

- **Limpie después:** Después de utilizar las herramientas, límpielas y guárdelas ordenadamente. Así las mantendrá en buen estado y le durarán más tiempo.

- **Sea consciente de lo que le rodea:** Mire a su alrededor y asegúrese de que no hay obstáculos o personas cerca que pueda golpear accidentalmente con las herramientas. Deje espacio suficiente para trabajar con seguridad.

Cómo limpiar y cuidar las herramientas de jardinería

- **Primer paso: Reúna los utensilios de limpieza:** Consiga un cubo de agua tibia jabonosa y un paño o esponja limpios.

- **Segundo paso: Elimine la suciedad y los residuos:** Utilice un paño o una esponja para limpiar la suciedad, el barro o los restos de plantas de sus herramientas. Asegúrese de limpiar tanto las cuchillas como los mangos de las herramientas.

- **Tercer paso: Aclare con agua:** Después de eliminar la suciedad, enjuague sus herramientas con agua limpia para eliminar cualquier resto de jabón y suciedad.

- **Cuarto paso: Desinfecte sus herramientas:** Para evitar la propagación de enfermedades entre las plantas, debe desinfectar sus herramientas. Para ello, utilice una solución de una parte de lejía por nueve de agua. Pídale a un adulto que lo haga. Sumerja un paño limpio o una esponja en la solución y limpie las cuchillas y los mangos de sus herramientas. Déjelas reposar unos minutos.

- **Quinto paso: Aclare y seque:** Después de desinfectar, aclare de nuevo sus herramientas con agua limpia para eliminar los restos de lejía. A continuación, utilice un paño seco o una toalla para secarlas bien. El agua puede oxidar las herramientas, por lo que es importante secarlas.

- **Sexto paso: Guárdelas en un lugar seco:** Una vez que sus herramientas estén limpias y secas, guárdelas en un lugar seco. Esto evita que se oxiden y las mantiene en buenas condiciones para su uso futuro.

- **Paso siete: Limpie su material de limpieza:** Después de limpiar sus herramientas, recuerde limpiar su cubo, paño o esponja. Aclárelos bien y déjelos secar antes de guardarlos.

Al limpiar y cuidar sus herramientas después de cada uso, las mantendrá en buen estado y evitará la propagación de enfermedades que pueden dañar sus plantas. Es una forma estupenda de cuidar sus herramientas y su jardín al mismo tiempo.

Capítulo 3: Frutas y vegetales

Puede disfrutar de alimentos frescos y sabrosos durante todo el año si cultiva sus propias frutas y vegetales. Puede recogerlas cuando están perfectamente maduras y llenas de sabor, y eso es mucho mejor que comprarlas en la tienda, donde puede que no estén tan frescas todo el tiempo. Comer frutas y vegetales es muy bueno para la salud. Si usted mismo las cultiva, puede elegir formas naturales de cuidarlas. Por ejemplo, puede utilizar bichos amistosos para comerse a los bichos malos o utilizar abono en lugar de productos químicos, manteniendo su cosecha más sana y segura.

Cultivar sus propios alimentos también puede ahorrarle dinero. Aunque tenga que gastar un poco de dinero para empezar con semillas y herramientas, a la larga es mucho más barato que comprar frutas y vegetales frescas en la tienda. Y cuanto más cultive, más podrá ahorrar almacenándolas o conservándolas para más adelante. Cuando usted cultiva sus propios alimentos, también está ayudando al medio ambiente. Al no depender de alimentos que tienen que recorrer largas distancias, contribuyes a reducir la contaminación provocada por el transporte. También puede optar por métodos de cultivo ecológicos, es decir, sin productos químicos que puedan dañar la tierra.

La jardinería es una forma estupenda de salir al aire libre y mantenerse activo, pero ver crecer sus plantas y verlas dar frutos es la guinda del pastel. Es un proyecto que ha cuidado con esmero, y uno se siente increíble cuando ve los resultados. Es algo de lo que estar orgulloso y que le hace sentirse realmente bien consigo mismo. Cultivar sus propios alimentos es también una oportunidad para aprender y descubrir cosas nuevas. Aprende cómo crecen las plantas, cómo cuidarlas y qué bichos y animales las ayudan a crecer. Es como hacer un pequeño experimento científico en el jardín de casa.

Por último, cultivar sus propios alimentos puede unir a la gente. Puede compartir lo que cultiva con sus amigos, familiares y vecinos. Es una forma estupenda de conectar con los demás y divertirse juntos. Por lo tanto, cultivar frutas y vegetales no solo es emocionante y gratificante, sino que también le ayuda a comer más sano, ahorrar dinero, cuidar el medio ambiente, aprender cosas nuevas y crear los mejores recuerdos.

Preparación del suelo

Preparar el suelo es clave para cultivar las frutas y vegetales más dulces y sanas. En primer lugar, entienda que las plantas obtienen su alimento del suelo. Del mismo modo que usted necesita alimentos sanos para crecer fuerte como ser humano, las plantas necesitan un suelo nutritivo para crecer grandes y sabrosas. Por tanto, preparar el suelo puede traducirse en preparar la mejor comida para sus plantas.

La preparación del suelo es la clave para cultivar las frutas y vegetales más dulces y sanos[6]

Empiece por despejar la zona en la que quiere cultivar sus plantas. Elimine cualquier hierba o maleza que pueda haber. Así, sus plantas tendrán espacio para crecer sin competencia. A continuación, hay que remover la tierra. Utilice herramientas como palas o rastrillos para remover suavemente la tierra. De este modo, las raíces de las plantas podrán moverse fácilmente por el suelo y alcanzar los nutrientes que necesitan. Después, añada abono orgánico o fertilizantes naturales a la tierra. El abono se elabora con restos de frutas y vegetales, hojas y otros materiales orgánicos. Es un tratamiento especial para la tierra. Estos abonos naturales contienen muchos nutrientes que las plantas adoran. Hacen que el suelo esté sano y dan a sus plantas la energía que necesitan para dar lo mejor de sí mismas.

Una vez que haya añadido el abono, debe mezclarlo con la tierra. Sea delicado y tómese su tiempo porque quiere que los nutrientes se distribuyan uniformemente para que todas las plantas reciban lo que les corresponde. Es como remover una sopa para que todos los ingredientes se mezclen bien. La tierra ya está lista para plantar. Puede colocar las semillas o las plantas pequeñas en la tierra, cubrirlas suavemente con un poco más de tierra y darles un poco de agua. Así se sentirán cómodas y seguras mientras empiezan a crecer.

¿Por qué es importante preparar el suelo? Está creando un hogar perfecto para sus plantas. Les está dando un buen comienzo en la vida y la mejor oportunidad de producir las frutas y vegetales más sabrosas que jamás haya probado. La jardinería es una misión, y la preparación del suelo es una parte importante de esa misión. Le debe a sus plantas ensuciarse las manos, mezclar un poco de abono y hacer que la tierra sea esponjosa y cómoda para ellas.

Análisis y enmienda del suelo

El análisis del suelo es una revisión de la tierra. Le ayuda a comprender cómo es el suelo y qué cosas adicionales puede necesitar para que sus plantas estén contentas. Para realizar un análisis del suelo, debe tomar una pequeña muestra de tierra y enviarla a un laboratorio especial. Los científicos del laboratorio analizarán la tierra para ver qué nutrientes tiene y si le falta algo. También puede comprar kits de análisis del suelo. Cuando reciba los resultados, podrá saber si su suelo necesita algún ajuste. A veces, la tierra tiene menos nutrientes de los que necesitan sus plantas; en ese caso, puede enmendarla.

Enmendar significa añadir elementos al suelo para mejorarlo. Puede añadir abono, estiércol o fertilizantes orgánicos para preparar la tierra para la siembra. Si añade abono a su jardín, las plantas tendrán más nutrientes y la tierra podrá retener el agua como una esponja. El estiércol puede sonar un poco raro, pero en realidad son cacas de animales, sobre todo vacas, gallinas o caballos. Pero no se preocupe: es limpio y seguro para sus plantas. Contiene lo necesario para crecer, como nitrógeno, fósforo y potasio. Piense en un batido de vitaminas, pero SOLO para las plantas.

Plantar: El proceso

Plantar semillas, plantones o plantas jóvenes es una parte apasionante del cultivo de frutas y vegetales. Necesitará algunos consejos que le ayuden con esto:

- **Empiece por preparar el terreno:** Despeje la zona en la que desea plantar sus semillas o plantones. Elimine cualquier hierba o maleza para que sus plantas tengan espacio para crecer.
- **Haga un hoyo:** Utilice una pala pequeña o las manos para hacer un hoyo en la tierra. El agujero debe ser lo bastante profundo para que quepan cómodamente las raíces de las plantas.
- **Plantar semillas:** Si va a plantar semillas, siga las instrucciones del paquete. Algunas semillas deben plantarse a mayor profundidad, mientras que otras deben estar más cerca de la superficie. Deje caer las semillas en el agujero y cúbralas con una fina capa de tierra. Presione suavemente la tierra para asegurarse de que las semillas estén bien apretadas y seguras.
- **Plantar plántulas o plantas jóvenes:** Si va a plantar plántulas o plantas jóvenes, sáquelas con cuidado de sus macetas o contenedores. Coloque el cepellón (la masa de tierra alrededor de las raíces) en el hoyo que ha cavado y asegúrese de que la planta se mantiene erguida. A continuación, cubra las raíces con tierra, dando suaves golpecitos alrededor de la base de la planta.
- **Profundidad de plantación adecuada:** Las semillas o los plantones crecen mejor si se plantan correctamente. Si son demasiado profundas, es posible que les cueste llegar a la superficie. Si son demasiado superficiales, es posible que no tengan suficiente apoyo. El paquete de semillas o las instrucciones que vienen con los plantones suelen indicar la profundidad a la que hay que plantarlos. Siga esas directrices para asegurarse de que lo está haciendo bien.

- **Espaciar las plantas:** Cada planta necesita espacio para extender sus raíces. Si las plantas están demasiado juntas, empezarán a pelearse por la luz del sol, el agua y la comida. El paquete de semillas o las instrucciones deben indicarle cuánto espacio necesita cada planta. Deje espacio suficiente entre las plantas para que tengan espacio para crecer sin amontonarse ni pelearse todo el tiempo.
- **Riegue las plantas:** Después de la siembra, dé un buen trago de agua a sus semillas, plántulas o plantas jóvenes. Esto les ayuda a asentarse en su nuevo hogar y les proporciona la humedad que necesitan para empezar su vida.

Prácticas de riego adecuadas

- Riegue sus plantas a una profundidad aproximada de un nudillo cuando la tierra esté seca.
- Vierta el agua cerca de la parte inferior de la planta, donde están las raíces.
- Utilice una regadera con boquilla o una manguera suave para regar las plantas.
- Riegue las plantas por la mañana o por la noche, cuando no haga demasiado calor.
- No riegue demasiado. Basta con que la tierra esté húmeda, como una esponja escurrida, pero no empapada como un charco.
- Esté atento a los signos de sed, como hojas caídas o tierra muy seca.
- Si tiene plantas delicadas, tenga mucho cuidado al regarlas. Utilice un pulverizador para humedecer la tierra.
- Antes de regar las plantas, consulte la previsión meteorológica. Si va a llover, es posible que no necesite regarlas tanto. Puede ajustar la frecuencia de riego en función del tiempo que haga.

Frutas

Manzanas

- **Partes comestibles:** Las manzanas tienen una parte sabrosa y crujiente que puede comerse. Es la parte jugosa que rodea el corazón en el centro.
- **Semillas:** Las manzanas tienen pequeñas semillas dentro de la parte central, el corazón.
- **Cuidados adecuados:** Para cultivar manzanos, busque un lugar soleado con un suelo que drene bien el agua. Deles suficiente agua y recórtelos con regularidad.

Aspectos a tener en cuenta

1. Los manzanos necesitan la ayuda de otros manzanos para producir muchos frutos. Por eso, es buena idea plantar dos tipos diferentes de manzanos cerca el uno del otro.
2. A veces, los manzanos producen demasiadas manzanas, así que es mejor quitar algunas frutas del árbol. Así, las que queden serán más grandes y dulces.

Frambuesas

- **Partes comestibles:** Las bayas jugosas que crecen en las ramas espinosas.
- **Semillas:** Las frambuesas tienen pequeñas semillas escondidas dentro de la baya.
- **Cuidados:** Las plantas de frambuesa prefieren colocarse en un lugar soleado y en un suelo que deje drenar el agua. Ayude a las ramas a trepar dándoles algo a lo que agarrarse y asegúrese de regarlas con regularidad.

Cosas para recordar

1. Recorte las ramas viejas de las plantas de frambuesa para dejar espacio para que crezcan las nuevas.
2. Recoja las frambuesas cuando estén completamente maduras y se desprendan fácilmente de la planta.

Arándanos

Los arándanos son pequeños y redondos[7]

- **Partes comestibles:** Las bayas pequeñas y redondas que tienen un sabor dulce y ácido.
- **Semillas:** En el interior de la baya se encuentran pequeñas semillas.
- **Cuidados adecuados:** Para las plantas de arándanos, busque un lugar con suelo ligeramente ácido que deje fluir el agua. Les gusta estar al sol, pero algo de sombra también está bien. Asegúrese de regarlas con regularidad para que la tierra se mantenga húmeda.

Aspectos a tener en cuenta

1. A los arándanos les gusta la tierra ácida, así que puede añadir musgo de turba o agujas de pino para que la tierra sea más ácida.
2. Durante la temporada en que las plantas no crecen mucho, puede recortar las ramas viejas para dejar sitio a las nuevas.

Sandía

- **Partes comestibles:** La pulpa jugosa y dulce dentro de su gran cáscara exterior verde.
- **Las semillas:** Las sandías tienen muchas semillas en su interior.
- **Cuidados:** A las plantas de sandía les gusta mucho el sol y un suelo que no absorba demasiada agua. Eso sí, deles mucha agua, sobre todo cuando haga calor y esté seco.

Aspectos a tener en cuenta

1. A las plantas de sandía les gusta extenderse, así que asegúrese de que tienen mucho espacio para crecer.
2. Recoja la sandía cuando la parte inferior pase de verde claro a amarillo cremoso.

Tomate

- **Partes comestibles:** Las partes redondas y jugosas de color rojo o amarillo.
- **Semillas:** En el interior del tomate se encuentran muchas semillas diminutas.
- **Cuidados adecuados:** A las tomateras les encanta el sol y la tierra ligera con buen drenaje. Riéguelos con regularidad para que la tierra esté siempre un poco húmeda.

Cosas para recordar

1. Las tomateras son plantas trepadoras por naturaleza, por lo que necesitan algo en lo que apoyarse y sostenerse, como palos o jaulas, para mantenerse erguidas mientras crecen.
2. Elimine las ramas sobrantes, llamadas chupones, para ayudar a la planta a utilizar su energía en la producción de frutos.

Vegetales

Zanahoria

- **Partes comestibles:** Las zanahorias tienen raíces largas y crujientes de color naranja que se pueden comer.
- **Semillas:** Para cultivar zanahorias, necesitará comprar semillas de zanahoria.
- **Cuidados adecuados:** Cuando quiera cultivar plantas de zanahoria, busque tierra suelta y arenosa. Riéguelas con regularidad para que la tierra se mantenga húmeda.

Cosas para recordar

1. Para ayudar a sus zanahorias, quite algunas de las plántulas para que cada zanahoria tenga espacio suficiente.
2. Ponga una capa de mantillo alrededor de las plantas para mantener la tierra fresca y ahorrar agua.

Calabaza

Calabaza[8]

- **Partes comestibles:** La pulpa, dulce y anaranjada, dentro de la dura cáscara exterior.
- **Semillas:** En el interior de la calabaza se pueden encontrar grandes semillas.
- **Cuidados adecuados:** Las calabazas necesitan mucho espacio para extenderse, por lo que su jardín debe ser lo suficientemente grande. Recuerde regarlas muy bien.

Cosas para recordar

1. A las plantas de calabaza les gusta tener mucho espacio, así que asegúrese de que tienen suficiente espacio para crecer grandes.
2. Recoja las calabazas cuando estén completamente maduras y el exterior esté duro.

Construya un jardín especializado

Un jardín especializado es un tipo de jardín poco común que se centra en cultivar tipos específicos de plantas o en crear un tema único. Es un jardín que gira en torno a una cosa en particular que le gusta mucho. Eche un vistazo a algunos buenos ejemplos:

1. **Jardín de mariposas:** Un jardín de mariposas está diseñado para atraer hermosas mariposas. Puede plantar flores de colores que las mariposas adoran, como margaritas y algodoncillo. Al crear un jardín de mariposas, podrá verlas revolotear y posarse en las flores, en busca de alimento.
2. **Jardín de hadas:** Un jardín de hadas es un jardín mágico lleno de pequeños adornos y plantas. Creará un minimundo para que las hadas lo visiten utilizando casitas, muebles diminutos e incluso figuritas de hadas. Plantar flores pequeñas, como nomeolvides y pensamientos, aumenta el encanto. ¿Quién sabe? Puede que algún día encuentre un hada escondida en su jardín.
3. **Jardín de pizzas:** Un huerto de pizzas es la mejor idea que se le ha ocurrido a nadie. En él puede plantar ingredientes para hacer tantas pizzas como quiera. Puede plantar tomateras para la salsa, albahaca para las hierbas, pimientos para los ingredientes e incluso cebollas. Es un jardín lleno de las cosas deliciosas que necesita para hacer sus propias pizzas caseras.

Capítulo 4: Hierbas y flores

Las hierbas son los primos geniales del mundo vegetal. Son pequeñas, pero poderosas, con hojas que puede utilizar para hacer que su comida sepa deliciosa. La pizza espolvoreada con orégano es un buen ejemplo. La mayoría de las hierbas también tienen poderes que probablemente desconocías. Algunas, como la manzanilla, pueden ayudarle a relajarse y a dormir bien. Otras, como la menta piperita, pueden aliviar el malestar estomacal. Las flores, por su parte, son artistas de la naturaleza. Pintan el mundo con su impresionante belleza. Desde las alegres caras de las margaritas hasta los delicados pétalos de las rosas, las flores tienen todo tipo de formas, tamaños y colores. Son un ejemplo vivo del arte de la naturaleza.

El valor de cultivar hierbas y flores en su jardín

1. **Colores y belleza:** Cuando usted cultiva hierbas y flores, consigue tener todo tipo de colores en su jardín. Puede estar lleno de rojo brillante, amarillo alegre y bonitas flores moradas.
2. **Fragancias y aromas:** ¿Alguna vez ha olido una flor y automáticamente se ha sentido mejor? Las flores tienen olores diferentes; algunas son frescas o incluso picantes. Algunas huelen deliciosamente dulces, mientras que otras son más tranquilizantes. Cultivar flores en su jardín significa que podrá disfrutar de todos estos olores y hacer que su jardín huela fantástico para cualquiera que decida visitarlo.

3. Ayudar a las abejas y las mariposas: Las abejas y las mariposas son más importantes para el mundo de lo que cree, y necesitan toda la ayuda posible para su importantísima misión. Ayudan a las plantas trasladando el polen de una flor a otra, y esto ayuda a que crezcan nuevas plantas y se produzcan más alimentos. Si cultiva hierbas y flores en su jardín, alimentará a estos polinizadores con todo el néctar que necesiten. Vendrán zumbando y volando, haciendo de su jardín su lugar de reunión favorito.

4. Sabrosos sabores: Las hierbas aromáticas también potencian el sabor de sus alimentos. ¿Ha probado alguna vez la albahaca fresca en la salsa de la pasta o las hojas de menta en la limonada? Si cultiva hierbas aromáticas en su huerto, podrá añadir todos estos sabores y muchos más a sus comidas. Tendrá una mini tienda de hierbas en el exterior.

5. Compartir y regalar: Puede coger un ramo de hermosas flores de su jardín y regalárselas a alguien especial. Así alegrará el día a alguien con un regalo muy sencillo.

Hierbas y flores útiles para cultivar en el jardín

Tanto si tiene mano para las plantas como si acaba de empezar su primer jardín, estas hierbas y flores han sido diseñadas específicamente para jardines infantiles. Aquí tiene diferentes hierbas y flores que son fáciles de cuidar, muy bonitas a la vista y encantadoras al olfato. Eche un vistazo:

Hierbas para jardines infantiles

Albahaca (Ocimum basilicum)

Albahaca[9]

- **Descripción:** La albahaca es una hierba única con hojas que huelen y saben increíblemente bien. Existe en diferentes tipos, como la albahaca dulce, la albahaca limón y la albahaca morada.
- **Plantación:** Plante la albahaca en un suelo que reciba mucha luz solar. Asegúrese de que la tierra no esté demasiado húmeda y de que haya espacio entre cada planta.
- **Riego:** Riegue la albahaca lo suficiente para mantener la tierra húmeda, pero no empapada. No olvide regarla con regularidad, sobre todo en los días calurosos.
- **Consejo:** Si quiere más hojas de albahaca para cocinar, pellizque las florecillas que crecen en la parte superior.

Menta (Mentha spp.)

- **Descripción:** La menta es una hierba refrescante que huele como una brisa fresca. Hay diferentes tipos, pero los más populares son la menta piperita y la menta verde.
- **Plantación:** Plante la menta en una maceta o en una parte separada del jardín porque se propaga rápidamente. Le gusta un poco de sombra, ya que no le gusta pasar demasiado calor.
- **Riego:** Mantenga la tierra húmeda, pero no empapada. A la menta le gusta beber agua con regularidad, sobre todo cuando hace calor.
- **Consejo:** Para que la menta se mantenga tupida y no crezca demasiado, recorte los tallos con regularidad.

Cebollino (Allium schoenoprasum)

- **Descripción:** El cebollino se parece a la cebolleta, pero es más pequeño y tiene unas bonitas flores moradas. Además, su sabor es delicioso.
- **Plantación:** Coloque los cebollinos en zonas con algo de luz solar, pero no demasiada. Deje espacio entre cada planta.
- **Riego:** El cebollino necesita beber agua con regularidad, pero deja que la tierra se seque un poco entre riego y riego.
- **Consejo:** Recorte las hojas largas de la parte inferior para ayudar a que crezcan hojas nuevas. También conviene quitar las flores antes de que florezcan.

Eneldo (Anethum graveolens)

- **Descripción:** El eneldo tiene hojas plumosas y flores amarillas brillantes que encantan a las mariposas.
- **Plantación:** Plante el eneldo en un lugar que reciba mucho sol. Deje algo de espacio entre cada planta.
- **Riego:** Riegue el eneldo lo suficiente para que la tierra se mantenga húmeda, pero no demasiado.
- **Consejo:** Coseche las hojas y las semillas a menudo para mantener la planta sana y evitar que florezca demasiado rápido.

Lemon Balm (Melissa officinalis)

- **Descripción:** La melisa tiene unas bonitas florecillas blancas y hojas que huelen a limón.
- **Plantación:** Coloque la melisa en un lugar ligeramente soleado. Deje un poco de espacio entre cada planta.
- **Riego:** Mantenga la tierra húmeda regando con regularidad.
- **Consejo:** Recorte la planta a menudo, sobre todo la parte superior, para que crezca más llena y no demasiado alta.

Flores para jardines infantiles

Caléndula (Tagetes spp.)

Caléndulas[10]

- **Descripción:** Las caléndulas tienen flores de colores brillantes como el amarillo, el naranja y el rojo. Parecen pequeños soles.

- **Plantación:** Coloque las caléndulas en una zona que reciba mucho sol. Dele a cada planta espacio suficiente para crecer.
- **Riego:** Riegue las caléndulas cuando la tierra esté seca y no olvide darles de beber con regularidad.
- **Consejo:** Si quita las flores que han terminado de florecer, dejará espacio para que crezcan otras nuevas.

Girasol (Helianthus annuus)
- **Descripción:** Los girasoles son plantas altas con flores grandes y alegres que siguen al sol en sus desplazamientos por el cielo.
- **Plantación:** Plante las semillas de girasol directamente en un suelo que reciba mucho sol. Deje espacio a cada planta para que crezca, ya que pueden llegar a ser enormes.
- **Riego:** Riegue los girasoles cuando la tierra esté seca. Les gusta beber agua con regularidad.
- **Consejo:** Utilice palos o soportes para ayudar a los girasoles altos a mantenerse erguidos.

Capuchina (Tropaeolum majus)
- **Descripción:** Las capuchinas tienen flores de bonitos colores como el rojo, el naranja y el amarillo. También tienen un sabor un poco picante.
- **Plantación:** Plante las capuchinas bajo un poco de sol, pero no demasiado. Deje espacio a cada planta para que se extienda.
- **Riego:** Riegue las capuchinas cuando la tierra esté seca. Les gusta estar un poco secas entre riego y riego.
- **Consejo:** Si quita las flores que se han marchitado, seguirán creciendo más flores nuevas.

Zinia (Zinnia spp.)
- **Descripción:** Las zinias vienen en muchos colores, como rosa, púrpura, rojo y naranja.
- **Plantación:** Plante las zinias donde reciban mucho sol. Cada planta necesita su propio espacio para crecer adecuadamente.
- **Riego:** Riegue las zinias cuando sienta que la tierra está seca. Les gusta beber agua con regularidad.

- **Consejo:** Si quita las flores que han terminado de florecer, seguirán saliendo nuevas.

Pensamiento (Viola spp.)

Pensamientos[11]

- **Descripción:** Los pensamientos tienen flores con caras bonitas en colores como el morado, el amarillo, el azul y el blanco. Parece como si le sonrieran.
- **Plantación:** A los pensamientos les gustan los lugares soleados y a veces un poco de sombra. También necesitan espacio para crecer.
- **Riego:** Riegue los pensamientos cuando la tierra esté seca. Les gusta estar un poco secos entre riego y riego.
- **Consejo:** Pode las partes altas de la planta para que crezca más tupida. Y si quita las flores que ya están hechas, seguirán floreciendo más flores.

Uso de las hierbas en la cocina

Las hierbas añaden sabor y aroma a los platos, le llevan de paseo por el mundo culinario y le permiten ser creativo en la cocina. Aquí tiene algunas hierbas y recetas con las que puede experimentar:

- **Albahaca:** La albahaca tiene un sabor dulce y ligeramente picante. Es perfecta para añadir a ensaladas, platos de pasta y sándwiches. Puede probar a hacer brochetas caprese ensartando tomates cherry, bolitas de mozzarella y hojas de albahaca fresca en brochetas. Rocíelas con un poco de aceite de oliva y glaseado balsámico para obtener un aperitivo sabroso y colorido.

- **Menta:** La menta tiene un sabor refrescante y fresco. Puede añadirla a sus bebidas, ensaladas y postres. Una idea divertida es preparar limonada de menta exprimiendo zumo de limón fresco, añadiendo unas hojas de menta picadas y endulzándolo con un poco de miel o azúcar. Mézclelo todo con agua y hielo, y ya está lista.
- **Cebollino:** El cebollino tiene un suave sabor a cebolla. Se puede espolvorear sobre sopas, patatas asadas y huevos revueltos. Puede preparar tortillas de cebollino batiendo huevos, añadiendo cebollino picado, queso rallado y una pizca de sal. Cocine la mezcla en una sartén hasta que cuaje y disfrute de un desayuno delicioso y repleto de proteínas.
- **Eneldo:** El eneldo tiene un sabor único que suele asociarse a los encurtidos. Combina bien con pescado, patatas y ensaladas. Pruebe a preparar una salsa cremosa de eneldo mezclando yogur griego, eneldo picado, ajo en polvo y un chorrito de zumo de limón. Sírvalo con palitos de zanahoria, rodajas de pepino o galletas integrales para disfrutar de algo sano y sabroso.
- **Romero:** El romero tiene un sabor fuerte y aromático. Es ideal para condimentar vegetales asados, pollo y patatas. Puede probar las patatas asadas al romero mezclando las patatas cortadas en dados con aceite de oliva, hojas de romero picadas, sal y pimienta. Hornéelas hasta que estén crujientes y doradas.

Ideas de diseño para su jardín de hierbas y flores

1. Pradera arcoíris

Cree un arcoíris en su jardín plantando flores de distintos colores en hileras o racimos. Empiece con flores rojas como rosas o tulipanes, luego continúe con caléndulas naranjas, girasoles amarillos, helechos verdes, pensamientos azules, petunias añiles y, por último, lavanda morada.

2. Recipientes coloridos

Si utiliza macetas o recipientes, píntelos de colores vivos y divertidos, en tonos rojos, amarillos o incluso azules. Después, plante flores diferentes en cada recipiente, a juego con los colores de las macetas. Por ejemplo, podría plantar geranios rojos en la maceta roja, caléndulas amarillas en la maceta amarilla y lobelias azules en la maceta azul.

3. El paraíso de los polinizadores

Diseñe un jardín que atraiga a polinizadores como abejas y mariposas. Escoja flores coloridas y ricas en néctar, como el bálsamo de abeja, las caléndulas y los girasoles. También puede añadir algunas hierbas como lavanda, menta o albahaca, que también gustan a los polinizadores.

4. Sensaciones sensoriales

Intente construir un jardín que despierte todos los sentidos. Elija flores con diferentes texturas; algunas comunes son la oreja de cordero lanuda o los pensamientos aterciopelados. Incluya plantas con olores interesantes, como geranios perfumados o cosmos con aroma a chocolate. Incluso puede añadir campanillas de viento o una pequeña fuente de agua que emita sonidos relajantes.

Capítulo 5: Tiempo de cosecha

Es hora de celebrar todo el trabajo duro que ha invertido en su huerto y de prepararse para recoger las recompensas que tanto le ha costado ganar. Cosechar significa recoger las frutas, hortalizas y hierbas cultivadas en su huerto. Es un momento emocionante y gratificante de la jardinería. Ha regado, cuidado y visto crecer sus plantas, y ahora es el momento de disfrutar de los frutos de su trabajo. Es un momento especial cuando ve cómo su duro trabajo se transforma en algo que puede saborear, oler y disfrutar.

La cosecha le permite ver el duro trabajo que ha invertido en su huerto[12]

Saber cuándo cosechar

Es fácil saber cuándo la fruta, el vegetal y las hierbas están listas para la cosecha si sabe en qué fijarse. Aquí tiene algunas pistas:

- **Color:** Las frutas y vegetales maduros tienen colores brillantes y evidentes. Por ejemplo, las fresas adquieren un color rojo brillante cuando están listas para ser recogidas, y las zanahorias un intenso color naranja. Así que esté atento a los colores llamativos.

- **El tamaño importa:** A medida que las frutas y vegetales crecen, se hacen más grandes y alcanzan un tamaño determinado cuando están en su punto. Por ejemplo, los calabacines deben medir entre 15 y 20 cm antes de ser recolectados. Así que compare el tamaño de sus plantas con fotos o muestras para ver si están listas.

- **Madurez:** La madurez tiene que ver con el sabor y la textura. Algunas frutas y vegetales se vuelven más dulces y jugosas a medida que maduran. Por ejemplo, cuando las sandías están listas, suenan huecas al darles un golpecito y tienen un aroma dulce. Los tomates están maduros cuando están firmes pero ligeramente blandos al apretarlos suavemente. Y las hierbas aromáticas están en su mejor momento cuando desprenden un fuerte aroma. Confíe en sus sentidos para saber si algo está maduro y listo para meterlo en la cesta.

Por supuesto, no todo en el huerto madura al mismo tiempo. Algunas plantas tardan más, mientras que otras están listas antes. Así que revise sus plantas con regularidad para verlas en su momento más sabroso.

Cómo cosechar distintas frutas, vegetales y hierbas aromáticas

- **Cortar los cultivos**

A la hora de cosechar los diferentes cultivos del huerto, puede utilizar varios métodos. Utilice tijeras o podadoras para cortar con cuidado cultivos como la lechuga. Sujete el tallo de la lechuga con cuidado y córtelo cerca de la base. Recuerde cortar solo lo necesario para que la planta pueda seguir creciendo y produciendo más.

- **Recoger frutas y vegetales**

Para recoger fresas, sujételas suavemente y deles un tirón[13]

Para recoger frutas y vegetales como tomates, fresas o pepinos, utilice las manos. Agarre la fruta o vegetal con cuidado y dele un pequeño giro o tirón. Si se desprende fácilmente de la planta, está lista para ser recolectada.

- **Tirar suavemente**

Algunos cultivos, como las zanahorias o los rábanos, se arrancan directamente de la tierra. Sujete firmemente las hojas verdes cerca de la base y tire suavemente de ellas. Las hortalizas de raíz saldrán con un satisfactorio "pop". Tenga cuidado de no tirar demasiado fuerte, o las hojas podrían desprenderse sin la raíz.

- **Cortar hierbas**

Las hierbas como la albahaca, la menta o el perejil tienen sus propias técnicas especiales. El mejor momento para cosechar hierbas es por la mañana, después de que el rocío se haya secado, pero antes de que haga demasiado calor. Es entonces cuando las hierbas tienen más sabor. Para cosecharlas, utilice tijeras o podadoras para cortar las hojas o los tallos justo por encima de un grupo de hojas. De este modo, la planta puede crecer y producir más hojas.

Si tiene más hierbas de las que puede utilizar de inmediato, puede conservarlas para más adelante. Una forma es secarlas. Reúna un manojo de tallos de hierbas, átelos con un cordel y cuélguelos boca abajo en un lugar fresco y seco. Una vez secas y crujientes, desmenuce las hojas en un tarro para utilizarlas en el futuro. Otra opción es congelar las hierbas. Píquelas, colóquelas en moldes para cubitos de hielo y llené cada cubito con agua. Métalos en el congelador y, cuando necesite hierbas para una receta, coja un cubito y métalo.

Cuidar la cosecha

Cuidar su cosecha la mantiene fresca y deliciosa. Cuando coseche cualquier cosa, evite magullar o dañar sus preciados productos para mantenerlos frescos durante más tiempo. Las frutas y vegetales pueden magullarse o aplastarse si no tiene cuidado, lo que hace que se estropeen antes. Pero si las tratas con cuidado, se mantienen sabrosas.

Además, se ha esforzado mucho en cultivar su huerto y quiere disfrutar de los frutos (y vegetales) de su trabajo. Si las trata con cuidado, demostrará que respeta su duro trabajo. Además, comer algo que tiene tan buen aspecto como sabor es más divertido. Lleve una cesta o un recipiente cuando salga a recolectar. En su interior puede colocar con cuidado la fruta, el vegetal y las hierbas aromáticas, para que se mantengan seguras y a buen recaudo. Las cestas o recipientes protegen los productos y evitan que se aplasten o se golpeen cuando se mueve por el huerto.

Coseche sus recetas

Puede preparar deliciosos platos con los ingredientes que ha cultivado. Aquí le presentamos algunas recetas sencillas y fáciles que puede probar en casa:

- **Pizza de vegetales de la huerta**

Para esta receta, necesitará una masa de pizza, salsa de tomate y tantos vegetales frescos como pueda obtener de su huerto. Empiece untando la masa con la salsa de tomate. Luego, puede ser muy creativo y añadir sus productos favoritos, como tomates, pimientos, cebollas e incluso hojas de albahaca. Póngale queso por encima y pídale a un adulto que le ayude a hornearlo hasta que el queso esté bien espumoso.

- **Parfait de fresas frescas**

Esta es la receta más fácil para sus fresas cultivadas en el jardín. Ponga en un vaso transparente o en una taza elegante, fresas frescas, una cucharada de yogur y un poco de granola o galletas trituradas. Repita las capas hasta llenar el vaso y listo.

- **Envolturas vegetales**

Para estos sabrosos wraps, necesitará hojas grandes de lechuga (como la lechuga romana o la lechuga mantecosa) de su jardín, pepinos en rodajas, zanahorias ralladas y cualquier otro vegetal que le guste. Unte la hoja de lechuga con un poco de hummus cremoso o queso fresco y, a continuación, ponga los vegetales. Enróllelo como un burrito y tendrá un envoltorio fresco listo para comer.

- **Bocaditos de calabacín con queso**

Los calabacines son una hortaliza fantástica para esta receta. Ralle un calabacín y exprima el exceso de humedad. Mézclelo con pan rallado, queso rallado, un huevo (con la ayuda de un adulto) y algunos condimentos como sal y pimienta. Forme pequeñas hamburguesas con la mezcla y cocínelas en una sartén hasta que se doren por ambos lados.

- **Pimientos rellenos**

Los pimientos morrones son coloridos y constituyen un recipiente estupendo para el relleno. Corte la parte superior de los pimientos y quíteles las semillas. Mezcle en un bol, arroz cocido, tomates cortados en dados, granos de maíz, carne picada cocida (como ternera o pavo) y un poco de queso rallado. Vierta la mezcla en los pimientos huecos. Colóquelos en una bandeja de horno y pida a un adulto que los hornee hasta que los pimientos estén tiernos y el relleno caliente y burbujeante.

Cocinar es una forma de expresar su creatividad, así que no dude en modificar estas recetas para adaptarlas a su gusto y a los ingredientes que tenga a mano. Experimentar con los sabores de su huerto es una forma maravillosa de apreciar la magia de cultivar sus propios alimentos, así que diviértase en la cocina y disfrute de las recompensas de la cosecha de su huerto.

Capítulo 6: Amigos y plagas del jardín

Este capítulo es para las diminutas criaturas que desempeñan algún tipo de papel en todos los espacios verdes. Aprenderá cuáles son los útiles y los no tan útiles y cómo pueden afectar a su jardín. Toda finca o jardín tiene una comunidad de insectos y animales zumbando o correteando. Algunos de ellos son los campeones de su jardín, como las abejas y las mariquitas, que trabajan duro para polinizar las flores y comerse las plagas dañinas que pueden estropear sus plantas. Los otros son bichos que causan problemas. Son las plagas, como los pulgones o las babosas, que se alimentan de sus plantas y las enferman. No son los mejores invitados a la fiesta de su jardín, pero no se preocupe, puede controlarlos.

Si aprende a conocer los distintos tipos de insectos y animales de su jardín, se convertirá en un detective experto que sabrá identificarlos, comprender su comportamiento y determinar si son beneficiosos o perjudiciales. De ese modo, podrá crear un jardín en el que los bichos buenos sean bienvenidos y las plagas se queden en la puerta.

Insectos beneficiosos

He aquí algunos insectos beneficiosos y polinizadores que puede encontrar en los jardines, junto con consejos sobre cómo atraerlos:

- **Abejas**

Las abejas son unos polinizadores fantásticos[14]

Los polinizadores son como los superhéroes del mundo vegetal. Las abejas son un ejemplo famoso, pero las mariposas, los colibríes e incluso algunos murciélagos son polinizadores.

Esto es lo que hacen: Cuando van de flor en flor para beber néctar, que es un líquido dulce que fabrican las flores, se impregnan de polen. El polen es una sustancia amarilla en polvo que las plantas necesitan para producir semillas.

Cuando un polinizador visita otra flor, el polen se frota en esa flor. Esto ayuda a la flor a crear semillas que pueden convertirse en nuevas plantas. Es como si los polinizadores ayudaran a las flores a enviarse mensajes para crear más flores. Gracias a los polinizadores, tenemos muchas frutas y vegetales para comer, al igual que muchos animales salvajes. Así que, la próxima vez que vea una abeja zumbando alrededor de las flores, ¡recuerde que está haciendo un trabajo superimportante!

Así que asegúrese de plantar varias plantas con flores de diferentes formas y colores para atraer a las abejas a su jardín. A las abejas les encantan flores como los girasoles, la lavanda y las flores silvestres. Además, procure tener cerca una fuente de agua poco profunda, como un pequeño plato con piedras para que se posen sobre ellas, de modo que puedan mantenerse hidratadas mientras vuelan haciendo de las suyas.

- **Mariquitas**

Las mariquitas se comen las plagas dañinas[15]

Las mariquitas son insectos adorables y útiles que se comen plagas dañinas como los pulgones. Para atraerlas, cultive plantas como eneldo, hinojo y caléndula. También puede crear una casa para mariquitas atando unos cuantos palos pequeños o trozos de bambú y colocándolos en un lugar protegido. Las mariquitas se instalarán en cuanto la encuentren y le ayudarán a mantener su jardín libre de plagas.

- **Mariposas**

Las mariposas no solo son hermosas, sino también importantes polinizadoras. Plante flores ricas en néctar, como algodoncillo, zinnias y lantanas, para atraer a las mariposas. Cree un charco para mariposas llenando un plato poco profundo con arena y manteniéndolo húmedo. A las mariposas les encanta beber agua y extraer minerales de la arena húmeda.

- **Escarabajos de tierra**

Los escarabajos de tierra se dan un festín de plagas[16]

Los escarabajos de tierra son cazadores nocturnos que se dan un festín de babosas, caracoles y otras plagas. Para atraerlos, prepare una casita para ellos con mantillo o montones de hojas. También les gustan las plantas con flores pequeñas, como las margaritas y los ásteres. Manteniendo la diversidad de su jardín y preparando escondites, hará saber a estos escarabajos que son bienvenidos para quedarse y ayudar.

- **Crisopas**

Las crisopas son insectos delicados que consumen pulgones, cochinillas y otras plagas de cuerpo blando. Plante flores ricas en polen y néctar, como dientes de león, cosmos y coreopsis, para atraer crisopas. También puede comprar huevos o larvas de crisopa en tiendas de jardinería y soltarlos para que crezcan y se multipliquen en su jardín.

- **Moscas cernidoras**

Las moscas cernidoras, también conocidas como moscas de las flores, son excelentes polinizadoras y devoradoras de pulgones. Para atraerlas, incluya en su jardín plantas como la milenrama, las margaritas y la caléndula. Les encantan las flores con la parte superior plana, donde pueden posarse fácilmente. Evite el uso de pesticidas químicos porque las moscas voladoras son sensibles a ellos y pueden enfermar.

Plagas dañinas

He aquí algunas plagas comunes del jardín y consejos para controlarlas:

- **Pulgones**

Los pulgones son pequeños insectos chupadores de savia que pueden dañar las plantas. Para combatirlos, estimule a los depredadores naturales, como mariquitas y crisopas, plantando flores que los atraigan, como margaritas e hinojo. También puede pulverizar una mezcla de agua y detergente suave sobre las plantas afectadas para ahuyentar a los pulgones.

- **Mosca blanca**

La mosca blanca se alimenta de la savia de las plantas[17]

La mosca blanca es un insecto volador diminuto que se alimenta de la savia de las plantas y puede provocar el amarilleamiento y marchitamiento de las hojas. Para controlar la mosca blanca, introduzca en su jardín enemigos naturales como avispas parásitas y escarabajos depredadores. Las trampas adhesivas amarillas colocadas cerca de las plantas infestadas también pueden ayudar a capturar moscas blancas adultas.

- **Babosas y caracoles**

Las babosas y los caracoles son plagas nocturnas capaces de abrir agujeros en hojas y tallos. Para controlarlos, deben colocarse barreras físicas como cinta de cobre o *tierra de diatomeas* alrededor de las plantas vulnerables. La tierra de diatomeas es una sustancia pulverulenta muy interesante que procede de los restos fosilizados de unas diminutas criaturas acuáticas llamadas diatomeas. Las diatomeas son algas muy pequeñas con un caparazón duro. Durante millones de años, estas conchas se amontonaron en el fondo de los océanos o lagos y se convirtieron en una especie de roca. Cuando esta roca se tritura, se convierte en un fino polvo blanco: ¡es la tierra de diatomeas!

Es una especie de polvo mágico para los jardineros, porque ayuda a mantener a los insectos alejados de las plantas sin utilizar productos químicos. Funciona pegándose a los bichos que se arrastran sobre ella y, como es afilada a nivel microscópico, los araña y hace que pierdan agua y se sequen. Pero no se preocupe, es seguro para las personas y los animales domésticos si se utiliza correctamente.

También puede colocar trampas para babosas llenas de cerveza o solución de levadura para atraerlas y ahogarlas. De otra forma, puede ser eficaz recogerlas a mano de las plantas por la noche o temprano por la mañana y deshacerse de ellas.

Cómo identificar y controlar las plagas

Estos son algunos métodos que puede probar para ayudarle a identificar y controlar las plagas de su jardín.

Control físico

1. Observe atentamente sus plantas y compruebe si hay signos de plagas, como agujeros en las hojas o tallos masticados.
2. Si detecta plagas, puede eliminarlas físicamente arrancándolas suavemente con las manos o utilizando pinzas.
3. Para las plagas más grandes, como babosas o caracoles, puede colocar barreras alrededor de las plantas con materiales como cáscaras de huevo trituradas o tierra de diatomeas. Estas dos cosas crean una superficie rugosa por la que a las plagas no les gusta arrastrarse.
4. También puede colocar trampas, como platos poco profundos llenos de cerveza o solución de levadura, para atraer y atrapar plagas como las babosas. Recuerde revisar las trampas con regularidad y desechar las plagas atrapadas que encuentre.

Normas de seguridad
- Lávese siempre bien las manos después de manipular las plagas.
- Si no está muy seguro de cómo manipular una plaga concreta, pida ayuda a un adulto.

Control biológico
1. Aprenda sobre los insectos buenos que pueden ayudar a controlar las plagas en su jardín, como las mariquitas o las mantis religiosas.
2. Cree un entorno acogedor para estos insectos plantando flores que los atraigan, como margaritas o caléndulas.
3. También puede comprar o construir casas o refugios especiales diseñados para ellos.
4. Una vez que los insectos beneficiosos se instalan, se comen de forma natural a las plagas y ayudan a mantener su número bajo control.

Normas de seguridad
- Tenga cuidado al manipular los insectos beneficiosos para no dañarlos.
- Evite los pesticidas químicos, ya que pueden perjudicar a los insectos beneficiosos y al ecosistema de su jardín.

Control cultural
1. Practique una buena higiene del jardín, retirando regularmente las hojas caídas, las malas hierbas y la suciedad. Las plagas suelen esconderse en estas zonas.
2. Rote sus cultivos cada año. Esto significa plantar distintos tipos de plantas en lugares diferentes. Así, evita que las plagas se acumulen en el suelo y ataquen a las mismas plantas año tras año.
3. Riegue bien las plantas. A algunas plagas les gusta quedarse en las hojas mojadas, así que es mejor regar las plantas por la base y evitar el exceso de agua.

Normas de seguridad
- Utilice guantes para protegerse las manos de objetos afilados o espinas cuando limpie los restos del jardín.

Métodos de control holísticos y no químicos

1. Elabore sus propios repelentes naturales de plagas. Por ejemplo, puedes mezclar agua y jabón líquido suave para crear un espray que ahuyente plagas como los pulgones.
2. Plante plantas de compañía que repelan las plagas. Algunas plantas, como las caléndulas o la albahaca, tienen propiedades naturales que no gustan a las plagas.
3. Cree un ecosistema de jardín saludable atrayendo pájaros, mariposas y otros animales beneficiosos. Pueden ayudar a controlar las plagas de forma natural.

Normas de seguridad

- Siga cuidadosamente las instrucciones y medidas cuando haga repelentes de plagas caseros.
- Pida ayuda a un adulto cuando manipule o mezcle los ingredientes.
- Observe y controle su jardín con regularidad porque los problemas de plagas pueden surgir en cualquier momento.

Capítulo 7: Consejos y resolución de problemas

A estas alturas, probablemente esté de acuerdo en que la jardinería es una forma estupenda de tener sus propias plantas, ya sean hermosas flores o jugosos vegetales. Pero este método no es infalible; a veces, las plantas también tienen problemas. Pero no se preocupe, porque la mayoría de estos problemas pueden solucionarse con algunos conocimientos y acciones sencillas. En este capítulo, verá algunos problemas comunes a los que suelen enfrentarse los jardineros, cómo reconocerlos y qué hacer al respecto. Esto debería servirle para empezar:

Plagas

- **Reconózcalas:** Busque pequeños insectos o agujeros en las hojas.
- **Actúe:** Elimine las plagas a mano o con sprays naturales como agua jabonosa.

Malas hierbas

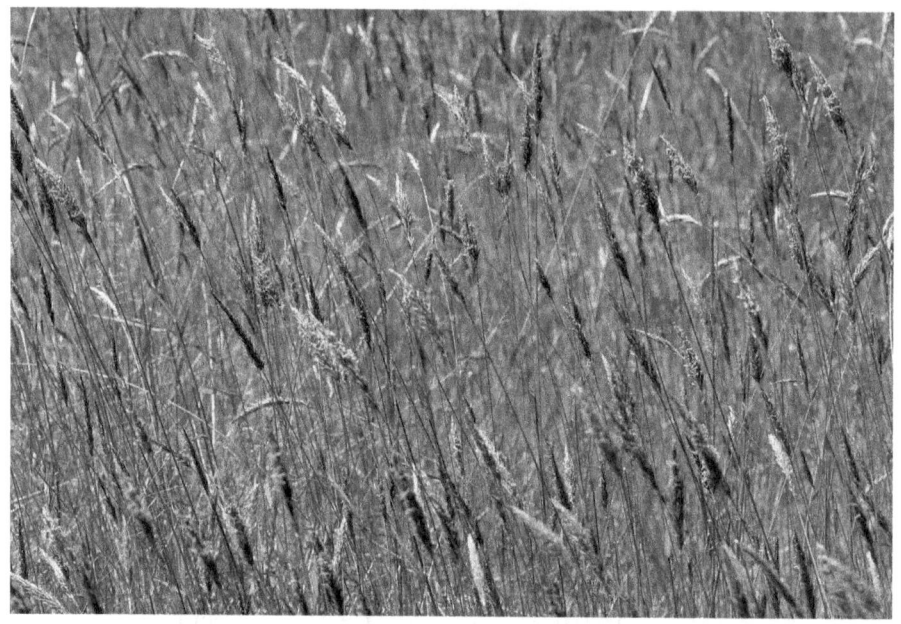

Las malas hierbas pueden dañar sus plantas[18]

- **Reconózcalas:** Observe que crecen plantas no deseadas entre sus flores u hortalizas.
- **Actúe:** Arranque las malas hierbas a mano, *asegurándose de arrancar las raíces.*

Enfermedades

- **Reconózcalas:** Observe manchas, decoloración o marchitamiento en las plantas.
- **Actúe:** Retire las hojas o plantas infectadas y utilice fungicidas orgánicos si el aspecto es demasiado grave.

Riego excesivo

- **Reconózcalas:** Observe si el suelo está encharcado o si las hojas están amarillentas y caídas.
- **Actúe:** Reduzca el riego y deje que la tierra se seque entre riegos.

Riego insuficiente

- **Reconózcalas:** Busque hojas secas y crujientes o plantas marchitas.
- **Actúe:** Riegue las plantas a fondo y con regularidad, asegurándose de que la tierra esté húmeda.

Deficiencia de nutrientes

- **Reconózcalas:** Observe que las plantas amarillean o se atrofian.
- **Actúe:** Añada abonos orgánicos o composta para completar los nutrientes del suelo.

Quemaduras solares

- **Reconózcalas:** Observe manchas marrones y secas en hojas o tallos.
- **Actúe:** Proporcione sombra a la planta durante las horas más calurosas del día.

Suelo pobre

- **Reconózcalas:** El suelo está seco, duro u opaco.
- **Actúe:** Añada abono o materia orgánica para mejorar la calidad del suelo.

Polinización deficiente

- **Reconózcalas:** Observe la caída de frutos o flores pequeños o con formas extrañas.
- **Actúe:** Atraiga a polinizadores como las abejas plantando flores o utilizando pulverizadores apícolas.

Poda inadecuada

- **Reconózcalas:** Observe ramas desiguales o dañadas en las plantas.
- **Actúe:** Utilice tijeras de podar limpias para recortar correctamente las plantas. Asegúrese de saber dónde cortar cada planta. Si no está seguro, pida ayuda a un adulto.

Desafíos estacionales

Cada estación trae consigo sus propios obstáculos, desde un tiempo imprevisible hasta las plagas más desagradables. Pero, como siempre, no hay nada de que preocuparse porque, con algunos conocimientos y trucos inteligentes, puede superar estos retos y tener un jardín próspero todo el año.

Primavera

- **Reto:** Tiempo impredecible y cambios de temperatura.
- **Qué hacer:** Empiece a plantar las semillas en el interior o en un invernadero antes de sacarlas al exterior. Proteja las plantas jóvenes de las olas de frío cubriéndolas con un paño especial o una funda de plástico. Traslade las plantas en maceta al interior si prevé heladas.

Verano

- **Reto:** Las altas temperaturas y la falta de agua.
- **Qué hacer:** Riegue las plantas en profundidad y con regularidad; es mejor hacerlo a primera hora de la mañana o por la noche, cuando hace más fresco. Ponga una capa de mantillo (como paja o virutas de madera) alrededor de sus plantas para ayudar a mantener el suelo húmedo. Proporcione sombra a sus plantas utilizando sombrillas o un toldo temporal.

Otoño

- **Reto:** Días más cortos y tiempo más fresco.
- **Qué hacer:** Plante cultivos de temporada fría, como lechuga, espinacas y col rizada, a los que les gustan las temperaturas más frescas. Coseche las frutas y vegetales maduros antes de la primera helada. Utilice cubiertas o túneles de plástico para proteger las plantas de las heladas y mantenerlas en crecimiento durante más tiempo.

Invierno

- **Reto:** Temperaturas bajo cero y heladas.
- **Qué hacer:** Lleve las plantas en maceta al interior o a un invernadero para mantenerlas calientes. Ponga una capa de mantillo alrededor de la base de las plantas para proteger sus raíces. Plante vegetales resistentes al frío, como las zanahorias.

Todas las estaciones
- **Reto**: Malas hierbas y plagas.
- **Qué hacer:** Arranque las malas hierbas con regularidad agarrándolas por la raíz. Atraiga a insectos útiles como mariquitas y mantis religiosas plantando flores que les gusten. Utilice métodos naturales de control de plagas, como plantar determinadas plantas juntas o utilizar bichos amistosos para que se coman a los malos.

Medidas preventivas en jardinería

Ser jardinero es algo más que poner semillas en la tierra y verlas crecer. Un jardinero también cuida de sus plantas y se asegura de que estén sanas y felices. Al igual que usted acude al médico para hacerse chequeos, sus plantas también necesitan revisiones periódicas. Al realizar controles rutinarios de la salud del jardín, puede buscar signos de problemas o daños en sus plantas y tomar medidas para mantenerlas vivas. He aquí algunas rutinas de inspección que debe practicar como buen jardinero:

Inspección visual diaria
- Observe atentamente sus plantas todos los días.
- Compruebe si hay hojas marchitas o caídas, lo que podría significar que la planta necesita agua.
- Busque agujeros o marcas de mordiscos en las hojas, que pueden indicar la presencia de plagas.

Comprobación del color de las hojas
- Examine el color de las hojas.
- Las hojas sanas deben ser verdes y brillantes.
- Si observa amarilleamiento, pardeamiento o manchas en las hojas, podría ser señal de un problema.

Comprobación de tallos y ramas
- Compruebe los tallos y ramas de sus plantas.
- Busque grietas, roturas o signos de daños.
- Asegúrese de que los tallos y las ramas son fuertes y no se doblan ni caen demasiado.

Inspección de flores y frutos

- Observe las flores y los frutos de sus plantas.
- Compruebe que se desarrollan correctamente y que no se marchitan ni se caen antes de tiempo.
- Busque cualquier signo de decoloración, manchas o moho en las flores o frutos.

Compruebe la humedad del suelo

- Toque suavemente la tierra alrededor de sus plantas con el dedo.
- Compruebe si está seca o demasiado húmeda. Las plantas necesitan tierra húmeda, no empapada ni seca.

Patrulla de plagas

- Vigile si sus plantas tienen bichos o insectos.
- Busque pequeñas criaturas rastreras o insectos voladores alrededor de las hojas o el suelo.
- Si detecta alguna plaga, tome nota y pida ayuda a un adulto para identificarla y tratarla.

Control de malas hierbas

- Examine su jardín en busca de plantas no deseadas (malas hierbas) que crezcan entre sus plantas.
- Arranque las malas hierbas que encuentre tirando suavemente de ellas desde la base.
- Asegúrese de arrancar toda la mala hierba, incluidas las raíces.

Consejos eficaces de jardinería

Mantenimiento regular del jardín

- **Consejo:** Cuide su jardín con regularidad para mantenerlo sano.
- **Qué hacer:** Elimine las malas hierbas, las hojas muertas y los residuos de los arriates. Pode las plantas para eliminar las ramas muertas o dañadas. Esté atento a las plagas y, actúe lo antes posible si detecta alguna.

Control de registros

- **Consejo:** Lleve un registro de sus actividades y observaciones en el huerto.
- **Qué hacer:** Utilice un cuaderno o un diario de jardinería para anotar información importante como las fechas de plantación, las variedades de plantas y cualquier cambio que observe en ellas. Esto le ayudará a hacer un seguimiento de sus progresos y a aprender de sus experiencias.

Análisis del suelo

Comprobar la salud del suelo puede ayudarle a asegurarse de que sus plantas reciben los nutrientes adecuados[19]

- **Consejo:** Revise la salud de su suelo para asegurarse de que sus plantas tienen los nutrientes adecuados.
- **Qué hacer:** Utilice un kit de análisis del suelo o lleve una muestra a un laboratorio para que la analicen. Esto le ayudará a saber si su suelo necesita alguna modificación, como añadir abono orgánico o fertilizante, para mejorarlo para sus plantas.

Técnicas de riego

- **Consejo:** Riegue sus plantas adecuadamente para darles la cantidad correcta de humedad.
- **Qué hacer:** Utilice una regadera o una manguera con una boquilla de pulverización suave. Riegue la base de las plantas, evitando las hojas. Riegue en profundidad, pero con menos frecuencia, dejando que la tierra se seque ligeramente entre riegos. Esto favorece el desarrollo de raíces fuertes.

Abono

- **Consejo:** Convierta sus restos de cocina en abono rico en nutrientes para su jardín.
- **Qué hacer:** Recoja restos de frutas y vegetales, posos de café y cáscaras de huevo. Colóquelos en un cubo o pila de compostaje. Añada hojas, recortes de césped o papel triturado. Voltee el montón de vez en cuando. Con el tiempo, se descompondrá en abono que podrá utilizar para alimentar el suelo.

Plantar para los polinizadores

- **Consejo:** Ayude a las abejas y mariposas plantando flores que les encanten.
- **Qué hacer:** Elija flores coloridas como zinias, cosmos y flores de cucurucho que atraen a los polinizadores. Plantéelas en su jardín o en macetas en el balcón o el alféizar de la ventana. En poco tiempo, recibirá un montón de hermosos y útiles visitantes.

Métodos de jardinería ecológica

La jardinería ecológica es una forma de cultivar plantas y alimentos sin utilizar productos químicos sintéticos (falsos) como pesticidas y fertilizantes. En cambio, se centra en utilizar métodos naturales para cuidar las plantas y crear un ecosistema sano en el jardín. Esto es bueno porque protege el medio ambiente, le mantiene sano y favorece el equilibrio de la naturaleza. He aquí algunos métodos de jardinería ecológica rápidos y sencillos que le ayudarán a convertirse en un jardinero respetuoso con el medio ambiente:

Plantar en compañía

- **Consejo:** Algunas plantas se hacen grandes amigas entre sí y se ayudan mutuamente a crecer.
- **Qué hacer:** Plante ciertas flores, hierbas u hortalizas juntas para que se protejan mutuamente de las plagas o se proporcionen beneficios recíprocos. Por ejemplo, puede plantar caléndulas cerca de tomates para mantener alejadas las plagas o albahaca cerca de tomates para aumentar el crecimiento de las raíces, el tamaño de la planta y la producción. Plantar tomillo cerca de

fresas puede aumentar las posibilidades de obtener una buena cosecha. El tomillo es una hierba que atrae a las abejas.

Recuerde: las abejas son importantes para polinizar las flores de las fresas. Los girasoles y las calabazas son otra buena combinación. Los girasoles son altos y pueden dar sombra a las plantas de calabaza, lo que ayuda a mantener el suelo fresco y húmedo. Estos son solo algunos ejemplos, pero hay muchas otras plantas que se pueden cultivar juntas. Experimente y observe cómo las distintas plantas pueden ayudarse mutuamente, y quizá descubra algo que pueda enseñar a otros jardineros.

Utilice aceite de neem

- **Consejo:** El aceite de neem es una forma natural de mantener a los bichos alejados de sus plantas.

- **Qué hacer:** Para hacer aceite de neem en spray para plantas, necesitará aceite de neem, jabón líquido suave (como jabón para platos) y agua. Mezcle una cucharadita de aceite de neem y media cucharadita de jabón líquido suave en un recipiente pequeño. El jabón ayuda a que el aceite se mezcle con el agua. Tome una botella con pulverizador y llénela con 4 tazas de agua. Vierta la mezcla de aceite de neem y jabón en el pulverizador. Cierre bien el pulverizador y agítelo para que se mezcle todo. Rocíe esta mezcla en las hojas, tallos y otras partes de la planta con insectos. Asegúrese de rociar toda la planta, incluyendo la parte superior e inferior de las hojas. Este spray ayudará a eliminar insectos como pulgones, ácaros, mosca blanca y orugas. Utilice el pulverizador cada 7-14 días o cuando vea que vuelven los bichos.

Capítulo 8: Proyectos divertidos para el jardín

La jardinería puede ser una aventura práctica que le permita participar activamente en el jardín y pasárselo en grande, pero solo si está abierto a las posibilidades. Muchos proyectos de jardinería divertidos avivarán su creatividad, le enseñarán cosas nuevas y darán un nuevo tipo de vida a su espacio exterior. Considere estos proyectos como búsquedas en las que podrá crear, explorar y aprender de la naturaleza. La jardinería es mucho más de lo que se imagina. Desde crear arte en el jardín hasta construir un hotel para insectos, cada proyecto le ofrecerá una oportunidad única de ensuciarse las manos, dar rienda suelta a su imaginación y colaborar estrechamente con el mundo natural.

Crear arte en el jardín

Utilice guijarros para crear arte en el jardín[20]

Materiales necesarios:
- Piedras lisas o guijarros
- Pintura acrílica
- Pinceles
- Sellador (opcional)
- Barniz transparente o Mod Podge para exteriores (opcional)

Instrucciones:
1. **Reúna rocas:** Vaya a la caza de rocas lisas o guijarros de diferentes tamaños y formas. Asegúrese de que estén limpias y secas antes de empezar.
2. **Ideas de diseño:** Estudie qué tipo de arte quiere crear en el jardín. Podrían ser mariquitas, flores o incluso patrones coloridos.
3. **Pinte las rocas:** Coloque una superficie protectora, como un periódico o un mantel. Aplique una capa base sobre la roca con pintura acrílica para dar vida a sus ideas de diseño y, a continuación, añada detalles y colores para crear el diseño deseado. No se olvide de dejar secar cada capa de pintura antes de añadir más.
4. **Decore su jardín:** Una vez que sus rocas pintadas estén completamente secas, es hora de exhibirlas en su jardín. Encuentre el mejor lugar donde desee añadir un poco de arte de jardín. Puede colocarlas en un parterre, en un sendero del jardín o en una maceta. Coloque las rocas de forma que resalten la belleza de su jardín y aporten un toque de creatividad al espacio.
5. **Selle la obra de arte (requiere la supervisión de un adulto):** Aplique un sellador para proteger las obras de arte del jardín de las inclemencias del tiempo. Pida a un adulto que le ayude con este paso. Utilice un barniz transparente o Mod Podge para exteriores para sellar las rocas pintadas. Aplique una capa fina y uniforme, y deje que se seque por completo.
6. **Disfrute y aprenda:** Observe cómo su arte de jardín realza la belleza total de su jardín. Tome nota de cualquier cambio o reacción de los insectos o pájaros que visitan su arte de jardín. Aprenda sobre los diferentes insectos o animales que pueden verse atraídos por su arte y su papel en el ecosistema.

Prepare un jardín temático

Diseñar un jardín temático es una forma divertida de crear un espacio ajardinado con plantas que tengan un mensaje o una historia concretos. Es muy fácil y cualquiera puede hacerlo. Para empezar:

1. **Elija un tema:** El primer paso es elegir un tema para su jardín. Puede ser cualquier cosa que le guste, desde mariposas, dinosaurios y hadas hasta su libro o película favoritos. Piense en lo que le gusta y le emociona.
2. **Investigue el tema:** Cuando tenga un tema en mente, investigue un poco para saber más sobre él. Busque libros y páginas web, o pida ayuda a un adulto. Investigue qué tipos de plantas, colores y decoraciones se asocian con su tema.
3. **Planifique su jardín:** Dibuje en un papel un esquema sencillo del jardín. Piense dónde quiere colocar las distintas plantas y adornos. Recuerde dejar espacio suficiente para que sus plantas crezcan.
4. **Elija las plantas:** Ahora es el momento de elegir las plantas que van con su tema. Por ejemplo, si ha elegido un tema de mariposas, puede plantar flores que atraigan a las mariposas, como la lavanda o las caléndulas. Si ha elegido un tema de dinosaurios, puede optar por plantas de hoja verde que desprendan un aire de selva prehistórica. La col rizada, la lechuga y la albahaca son buenos ejemplos.
5. **Añada algunos adornos:** La decoración puede hacer que su jardín temático sea aún más realista. Puede hacer sus propios adornos con materiales de manualidades o encontrarlos ya hechos en una tienda. Por ejemplo, si elige un tema de hadas, puede añadir algunas estatuas de hadas pequeñas o una mini casa de hadas.
6. **Siembre y cuide su jardín:** Ahora es el momento de empezar a plantar. Siga las instrucciones de las etiquetas de las plantas o pida ayuda a un adulto. Asegúrese de regar las plantas con regularidad y darles suficiente luz solar. Las malas hierbas pueden competir con sus plantas por el agua y los nutrientes, por lo que debe vigilarlas y eliminarlas cuando las vea.

Proyectos de jardinería

Los proyectos de jardinería que encontrará aquí no solo son divertidos, sino que también le enseñarán conceptos importantes. Aquí tiene algunos proyectos que añadirán un poco de conocimiento a su experiencia de jardinería:

Proyecto del ciclo del agua

El ciclo del agua explica cómo se mueve el agua alrededor de la tierra. Puede aprenderlo creando su propio mini-ciclo del agua en un tarro. Le explicamos cómo:

1. Busque un tarro de cristal transparente y llénelo de agua hasta un tercio.
2. Ponga un plato pequeño o una envoltura de plástico encima del tarro, asegurándose de que quede bien cerrado.
3. Coloque el tarro en un lugar soleado, como el alféizar de una ventana, y observe lo que ocurre durante unos días.
4. A medida que el sol calienta el agua, el agua se evapora y verá cómo se forman gotitas de agua en el fondo del plato o del envoltorio de plástico. Las gotitas son el resultado de un proceso llamado condensación y simbolizan las nubes.
5. Al cabo de un rato, las gotitas caerán y volverán al agua del tarro, simbolizando la lluvia que cae de las nubes. Esta parte del ciclo se llama *precipitación*.

Este proyecto muestra cómo el agua se evapora de la superficie terrestre, forma las nubes y luego vuelve en forma de lluvia, completando el ciclo del agua.

Proyecto sobre el ciclo vital de las mariposas

Las mariposas experimentan una fascinante transformación llamada metamorfosis. Puede aprender sobre su ciclo vital creando un jardín de mariposas y observando sus etapas. Esto es lo que puede hacer:

1. Busque un lugar soleado en el jardín o una maceta grande y llénela de tierra.
2. Plante algunas flores aptas para las mariposas, como el algodoncillo, que sirve de alimento a las orugas, y otras flores ricas en néctar, como las zinias o las caléndulas.

3. Busque huevos u orugas de mariposa en las hojas de algodoncillo. Si encuentra alguno, colóquelo con cuidado en un tarro con algunas hojas.
4. Observe a las orugas mientras comen y crecen. Mudarán (mudarán de piel) varias veces y se harán más grandes.
5. Cuando dejen de comer y crezcan, formarán una crisálida, una cubierta protectora hecha de seda.
6. Siga observando la crisálida; al cabo de un tiempo, verá que sale de ella una hermosa mariposa.
7. Suelte la mariposa en su jardín. Obsérvela volar y disfrute de las flores.

Observando el ciclo vital de la mariposa, aprenderá sobre sus diferentes etapas, desde el huevo a la oruga, luego a la crisálida y finalmente a la mariposa.

Cómo interactuar con la fauna del jardín

Interactuar con la fauna del jardín es emocionante, pero si va a hacerlo, debe hacerlo bien.

Comederos para pájaros

Un comedero para pájaros puede ayudarle a interactuar con la fauna del jardín[21]

1. Encuentre una botella de plástico resistente o un cartón de leche vacío.
2. Pídale a un adulto que le ayude a hacer un pequeño agujero cerca del fondo de la botella o del cartón.
3. Adorne la botella o el cartón con pintura de colores o rotuladores.
4. Perfore dos agujeros pequeños cerca de la parte superior y pase un cordel por ellos para colgar el comedero.
5. Rellene el comedero con alpiste o trocitos de fruta.
6. Cuélguelo en un árbol o en un poste de su jardín.
7. Obsérvelo desde lejos y disfrute viendo cómo diferentes pájaros visitan su comedero.

Hotel de insectos

1. Consiga una pequeña caja o recipiente de madera con tapa.
2. Decore la caja si quiere que quede bonita.
3. Haga diferentes niveles y habitaciones dentro de la caja utilizando palos, ramitas y ramas.
4. Coloque piñas de pino, bambú o cañas huecas en algunas habitaciones para que los insectos se escondan y pongan huevos.
5. Llene otras habitaciones con hojas secas o pajas para crear espacios de descanso para los insectos.
6. Busque un lugar tranquilo en su jardín para colocar la casita.
7. Excave un agujero poco profundo y entierre parcialmente la caja, dejando la entrada accesible. O utilice una cuerda o alambre para sujetar la caja a la rama de un árbol o a una estaca.
8. Revise la casita con regularidad y añada nuevos materiales cuando sea necesario.
9. Observe y aprenda sobre los insectos que visitan la casita.
10. No utilice productos químicos nocivos en el jardín para proteger a los insectos.

Juegos de jardín

Aquí tiene algunos juegos y actividades divertidos para hacer en el jardín con su familia y amigos.

Caza del tesoro

1. Elabore una lista de objetos que se pueden encontrar en el jardín, como una hoja, una flor, una roca o una pluma en particular.
2. Entregue a cada jugador una copia de la lista y una bolsa para recoger sus tesoros.
3. Ponga un cronómetro para ver quién encuentra antes todos los objetos de la lista.

Bingo de la naturaleza

1. Cree tarjetas de bingo con dibujos de cosas que podría encontrar en el jardín, como una mariquita, una mariposa, un árbol o un pájaro.
2. Entregue a cada jugador una tarjeta de bingo y un bolígrafo o rotulador.
3. Exploren juntos el jardín y marquen los objetos en su cartón a medida que los vayan encontrando.
4. La primera persona que consiga marcar una línea o una tarjeta completa grita "¡Bingo!", y gana la partida.

Carrera de obstáculos en el jardín

1. Monte una divertida carrera de obstáculos en su jardín, utilizando objetos que encuentre, como aros de hula-hula, conos o cuerdas para saltar.
2. Cree retos como saltar a través de aros, zigzaguear entre conos o hacer equilibrios sobre un tronco.
3. Cronometre a cada jugador a medida que completa el recorrido y vea quién es el más rápido en terminarlo.

Mensaje de agradecimiento

Gracias por elegir este libro e interesarse por la jardinería. Su esfuerzo y entusiasmo por explorar el mundo de la jardinería son impresionantes. Es asombroso ver cómo florece su amor por la naturaleza y cómo crecen a la par sus habilidades y conocimientos. Su curiosidad y sus ganas de aprender bastan para inspirar a todos los que le rodean.

Al leer este libro, ha descubierto la magia pura que se esconde tras ver cómo una diminuta semilla se transforma en una hermosa flor o en la hortaliza más sana. Ha aprendido la importancia del sol, el agua y la tierra para sus plantas. Ha visto cómo la jardinería puede iluminarle el día y darle algo que desear.

El huerto es un lugar lleno de infinitas posibilidades. Es un medio para conectar con el mundo natural, cuidar las plantas y crear su propio trocito de paraíso. No se trata solo de cultivar flores bonitas o plantas comestibles. Es una celebración de la naturaleza y de todas las increíbles criaturas que trabajan juntas para mantener vivo el mundo natural. Se trata de cuidar el medio ambiente.

¡Usted será un jardinero increíble! Recuerde siempre el mensaje positivo y alentador que transmite este libro. No deje de sentir curiosidad por el maravilloso mundo de la jardinería. La naturaleza está esperando a que usted descubra todos sus secretos a través de su amor por las plantas y los animales. Sus habilidades y su experiencia crecerán como las flores de un jardín porque usted puede hacer cosas increíbles. Crea en sí mismo, salga ahí fuera y déjese guiar por sus pulgares verdes.

Vea más libros escritos por Dion Rosser

Referencias

Alsuwaidi, N. A. (2017, 20 de marzo). Pequeño jardinero. Plataforma de publicación independiente Createspace.

Bone, E., & Wheatley, A. (2015, 1 de enero). Jardinería para principiantes.

Collins, C., & Lia, L. (2017, 4 de abril). Cultive su propio huerto para niños. Mitchell Beazley.

Cutler, K. D., Fisher, K., DeJohn, S., & Association, N. G. (2010, 29 de octubre). Jardinería de hierbas para tontos. John Wiley & Sons.

Flint, M. L. (2018, 1 de enero). Plagas del jardín y la pequeña granja, 3ª edición. Publicaciones de la UCANR.

Gaines, J. (2019, 26 de marzo). Nosotros somos los jardineros. Thomas Nelson.

Gosling, L. (2023, 28 de febrero). Mi primer jardín. DK Publishing (Dorling Kindersley).

Hogner, D. C. (1974, 1 de enero). Buenos y malos bichos en su jardín.

Krezel, C. (2010, 1 de abril). Jardinería en contenedores para niños. Chicago Review Press.

Lovejoy, S. (2017, 24 de enero). Raíces, brotes, cubos y botas. Hachette UK.

Pierce, T. (2019, 7 de mayo). Mi ajetreado jardín verde.

Tai, L. (2021, 15 de marzo). La magia de los jardines infantiles. Temple University Press

Fuentes de imágenes

[1] https://www.pexels.com/photo/green-grass-field-13975/

[2] https://www.pexels.com/photo/assorted-color-flowers-298246/

[3] https://www.pexels.com/photo/person-watering-a-potted-plant-4503268/

[4] https://www.pexels.com/photo/person-wearing-green-gloves-holding-garden-tools-7782975/

[5] WayneRay, CC BY-SA 4.0 <https://creativecommons.org/licenses/by-sa/4.0>, a través de Wikimedia Commons: https://commons.wikimedia.org/wiki/File:Watering_can_WPC6.JPG

[6] https://www.pexels.com/photo/person-digging-on-soil-using-garden-shovel-1301856/

[7] Foto de Joanna Kosinska en Unsplash https://unsplash.com/photos/blueberries-on-white-ceramic-container-4qujjbj3srs

[8] Foto de Marius Ciocirlan en Unsplash https://unsplash.com/photos/orange-pumpkins-on-gray-field-near-green-grassland-at-daytime-selective-focus-photography-T9pdHqCsyoQ

[9] Foto de Yakov Leonov en Unsplash https://unsplash.com/photos/green-leaves-in-macro-lens-0wWYos3ZGqU

[10] Foto de Julia Kwiek en Unsplash https://unsplash.com/photos/orange-flowers-with-green-leaves-2j8X-RpB1sM

[11] https://unsplash.com/photos/purple-and-yellow-flower-in-tilt-shift-lens-Md_rDAJxRLM?utm_content=creditShareLink&utm_medium=referral&utm_source=unsplash

[12] https://www.pexels.com/photo/vegetables-harvest-fresh-basket-175414/

[13] https://commons.wikimedia.org/wiki/File:Wild_strawberries_ARS.jpg

[14] https://unsplash.com/photos/honeybee-perching-on-yellow-flower-yxXpjF-RrnA?utm_content=creditShareLink&utm_medium=referral&utm_source=unsplash

[15] https://unsplash.com/photos/macro-photography-of-orange-and-black-bug-perching-on-plant-906sxg0humM?utm_content=creditShareLink&utm_medium=referral&utm_source=unsplash

[16] *Foto de Ingo Doerrie en Unsplash* https://unsplash.com/photos/close-up-photography-of-beetle-btmrHN8V3B0

[17] *xpda, CC BY-SA 4.0 <*https://creativecommons.org/licenses/by-sa/4.0*>, a través de Wikimedia Commons:* https://commons.wikimedia.org/wiki/File:Aleyrodidae_P1560540a.jpg

[18] *Sharon Mollerus, CC BY 2.0 <*https://creativecommons.org/licenses/by/2.0*>, a través de Wikimedia Commons:* https://commons.wikimedia.org/wiki/File:Field_of_Weeds_(2636333676).jpg

[19] *Foto de Roman Synkevych en Unsplash* https://unsplash.com/photos/green-plant-sprouting-at-daytime-fjj7lVpCxRE

[20] *Sri2161k, CC BY-SA 4.0 <*https://creativecommons.org/licenses/by-sa/4.0*>, a través de Wikimedia Commons:* https://commons.wikimedia.org/wiki/File:Pebbles_6.jpg

[21] https://unsplash.com/photos/brown-bird-on-red-wooden-bird-house-vkDh08uoNJg?utm_content=creditShareLink&utm_medium=referral&utm_source=unsplash

www.ingramcontent.com/pod-product-compliance
Lightning Source LLC
Chambersburg PA
CBHW051843160426
43209CB00006B/1137